Polnisch kochen

Die Autorin

Magrit Liepe, geboren 1952 in Berlin, gelernte Buchhändlerin, Studium der Außenwirtschaft, Mitarbeit im Verband der Verlage und Buchhandlungen Berlin-Brandenburg, arbeitete als selbstständige Buchhändlerin, Tätigkeit in verschiedenen Verlagen. Seit ihrer Kindheit ist sie eng mit Polen verbunden und wählte das Land zu ihrer »zweiten Heimat«.

Magrit Liepe

◆

Polnisch kochen

Gerichte und ihre Geschichte

◆

Verlag Die Werkstatt · Edition d i á

Bibliografische Information der Deutschen Nationalbibliothek:
Die Deutsche Nationalbibliothek verzeichnet diese Publikation in der Deutschen Nationalbibliografie; detaillierte bibliografische Daten sind im Internet über http://dnb.d-nb.de abrufbar.

3. Auflage 2012

Lotzestraße 22a, D-37083 Göttingen
www.werkstatt-verlag.de
Dieses Buch erscheint in der Reihe
»Gerichte und ihre Geschichte«
der Edition diá (www.editiondia.de).

FSC
www.fsc.org
MIX
Papier aus verantwortungsvollen Quellen
FSC® C110508

Titelfoto und Fotos im Innenteil soweit nicht anders angegeben: Burkhard Peter, Berlin
Satz und Gestaltung: Verlag Die Werkstatt, Göttingen
Druck und Bindung: Westermann Druck Zwickau

ISBN 978-3-89533-414-6

Inhalt

Die polnische Küche

Tradition und Veränderung

»Immer steht offen das Hoftor, es sagt denen, die da vorbeigehen, dass es sie alle gastfreundlich einlädt als Gäste des Hauses.«
Adam Mickiewicz im polnischen Nationalepos »Pan Tadeusz«

Bodenständig, mit fremden Einflüssen

Die Entstehung einer polnischen Nation wird auf die erste Jahrtausendwende datiert. So existiert seit jener Zeit eine landesspezifische polnische Küche – deftig, herzhaft und abwechslungsreich, traditionsbewusst und bodenständig, aber nicht ohne Einfluss durch die französische, italienische, preußische und kaiserlich-österreichische Küche. Den Geschmack polnischer Gerichte prägen sowohl eine Vielzahl heimischer Kräuter als auch köstliche Gewürze aus dem Orient, die bereits seit alters her eingeführt wurden.

Mit der Entstehung des ersten polnischen Königreichs im 10. Jahrhundert begannen sich einheitliche nationale Strukturen herauszubilden. Die einzelnen dem polnischen Sprachraum zugeordneten Stämme – die Ślężanen aus dem Gebiet des heutigen Schlesien, die Bobschanen aus Niederschlesien, die Opolanen und Gołęszycer aus Oberschlesien – waren allmählich zu einer größeren Gemeinschaft verschmolzen. Im Verlauf dieser Entwicklung gesellten sich die Polanen aus dem Gebiet an der mittleren Warthe, die Pomoranen, die zwischen unterer Weichsel und Oder lebten, die Masuren und schließlich die Wiślanen mit ihrem Zentrum Kraków sowie die Lechen hinzu.

Die Anfänge einer polnischen Küche

Die Stämme schlossen sich zu einer ethnisch-geografischen Einheit zusammen, und Mitte des 10. Jahrhunderts wurde Mieszko I. als erster polnischer Herrscher gekrönt. Doch schon bevor sie sprachlich, kulturell und politisch zu einem Staat zusammenwuchsen, unterhielten sie – etwa seit dem 3. Jahrhundert – enge Handelsbeziehungen mit Arabien und Rom, vereinzelt auch mit dem frühmittelalterlichen Westeuropa. Fremde Kaufleute zogen von Süden her bis zur Ostseeküste, wo sie Bernstein kauften; sie brachten Waren und Gewürze aus Byzanz wie Ägypten mit. Aus jener frühen Zeit sind die Anfänge der polnischen Küche überliefert. Chronisten, unter anderem Gallus Anonymus, ein Kenner der Gebiete, die im heutigen Polen liegen, und Ibrahim Ibn Jakub, jüdischer Handelsreisender aus Arabien, beschrieben den Reichtum der slawischen Länder, ihre Gold- und Silberschätze. Die Chronisten bewunderten die honigreichen Wälder, die fruchtbaren Äcker und die fischreichen Gewässer; sie priesen die Milch der Kühe, die Wolle der Schafe sowie den Fleiß der Bauern und deren Gastlichkeit, die von Generation zu Generation tradiert wurde und bis heute als einzigartig gilt. Bereits in der damaligen Zeit spielte die Viehzucht eine wichtige Rolle. Obstgärten umgaben die einfachen Unterkünfte der Ackerbauern. Fischfang, Bienenzucht, Früchte und Tiere des Waldes ergänzten den Speisezettel.

Kołacz, das Glücksgebäck

Mit der Entwicklung des polnischen Staates veränderte sich die Lebensweise der Menschen. Statt primitiver Hütten entstanden feste Häuser, in die man beispielsweise abgedeckte Kuppelöfen einbauen konnte. Diese Öfen ersetzten die offenen Feuerstellen, an denen in grauer Vorzeit Gerichte und Backwerk zubereitet worden waren. Die Kuppelöfen verursachten eine kleine kulinarische Revolution, denn nun konnten unter Verwendung von Sauerteig Fladen gebacken werden, die lockerer und schmackhafter waren als ihre groben Vorläufer. Die Überlieferung berichtet von kleinen runden Broten aus Roggen-, Gersten- und Weizenmehl. In jenen Öfen wurde schließlich erstmals der Kołacz (runder Fladen) zubereitet, ein bis heute bei Hochzeiten und großen Festen vor allem in ländlichen Gebieten beliebtes Gebäck, das Glück verheißen soll.

Im 10. Jahrhundert standen häufig Grütze – hergestellt aus Hirse und Gerste –, Bohnen, Erbsen und Kohl als Beilagen zu Schweinefleisch und selbst geräuchertem Schinken auf dem Tisch. Wild gab es seltener, obwohl in den Wäldern kein Mangel daran herrschte. Sein Verzehr blieb jedoch dem sich erst langsam herausbildenden wohlhabenden Adel vorbehalten, der, wie überall in Europa, die Jagd liebte. Bereits im 10. Jahrhundert pflegte man erjagtes Wild mit Vorliebe an Ort und Stelle auf dem Rost zuzubereiten.

Bis zur Annahme des Christentums durch die Hochzeit von Mieszko I. mit Dubravka, der Tochter des böhmische Herzogs Boleslaw I. im Jahr 965, lebten die Polanen und Lechen, die Ślężanen und Wiślanen nach heidnischen Bräuchen. Innerhalb Europas spielten sie keine bedeutende Rolle. Erst das Christentum führte zu verstärktem Kontakt mit Westeuropa. Fürsten und Kaiser der westeuropäischen Reiche erhielten Einladungen zu polnischen Festmählern, die ihresgleichen an westlichen Höfen suchten.

Internationale Küche am Königshof

Eines der berühmtesten polnischen Bankette aus dem Jahre 1000, zu dem Fürst Bolesław I. Chobry (der Tapfere) geladen hatte, um den deutschen Kaiser Otto III. zu ehren, fand in der ersten Hauptstadt Polens, in Gniezno, statt. Es dauerte drei Tage und ist in historischen Quellen als Musterbeispiel höchster Gastlichkeit beschrieben. Für dieses Bankett tischte der Fürst nicht nur erlesenste polnische Gerichte und fürstliche Speisen der Königshäuser anderer Länder und erlesene Weine aus römischen Weinkellern auf, sondern er bot dem Kaiser seine besten Chöre, zeigte ihm die Künste seiner Reitertruppen und schenkte ihm als Dank für seinen Besuch kostbares Tafelgeschirr aus Gold und Silber. Leider gibt es keine Überlieferung, welche Gerichte zu diesem Bankett kredenzt wurden. Durch Heiratsverbindungen, die spätere polnische Herrscher oder ihre Töchter und Söhne mit den gekrönten Häusern Österreichs, Italiens, Frankreichs oder Litauens eingingen, kam die sich entwickelnde polnische Küche mit den kulinarischen Besonderheiten dieser Länder in Berührung und wurde entsprechend beeinflusst. Die Küche des Königsadels kombinierte altpolnische Speisen mit westeuropäischen Gerichten. Diese internationale Mischung bestimmte jahrhundertelang die Hofküchen, während die bodenständige, deftige, mit Kräutern aus den heimischen Gärten und Wäldern gewürzte Küche des ärmeren Landadels kaum von außen geprägt war.

Vor 800 Jahren kamen Salz und Zwiebeln

Doch je mehr der kulturelle Austausch und im Besonderen der Handel mit dem Ausland zunahm, desto stärker veränderten sich Lebensweise und Ernährungsgewohnheiten. Man baute neue, ausländische Kräuter und Gemüsesorten an oder importierte sie. Plötzlich gab es bislang unbekannte Nahrungsmittel auf den Märkten zu kaufen. Seit dem 13. Jahrhundert ist die Zwiebel in Polen heimisch; Salz, bis zu jenem Zeitpunkt so gut wie gar nicht verwendet, kletterte in der Beliebtheitsskala der Gewürze an die Spitze.

Die polnischen Bauern des Mittelalters sorgten nach Möglichkeit während des Erntejahres für eine gefüllte Vorratskammer, um in den kalten Wintern vor dem Verhungern geschützt zu sein. Dort stapelten sich Säcke mit Grütze, Mehl, Erbsen und Bohnen. Die in den Wäldern gesammelten Pilze hingen an langen Bändern zum Trocknen aufgefädelt oder wurden mariniert; beim Sammeln fielen überdies kiloweise Beeren ab. Geräuchertes Schweine- und Rindfleisch, geräucherte oder gepökelte Fische aus den fischreichen Gewässern, seltener auch Wild, lagerten in den Speisekammern, dazu Würste, Eier, Honig, Speck, Käse, Butter und Fässer mit Met, einem aus Waldhonig mit etwas Wasser gebrauten Honigwein, dem diverse Kräuter zugesetzt wurden. Rüben, Gurken, Möhren, Kohl und Sauerkraut, oftmals eingelegt, dazu Zwiebeln und Knoblauch fehlten in keiner bäuerlichen Wirtschaft. Kümmel und besonders Petersilie fanden in Polen zu einer Zeit Verwendung, als im Westen Europas noch kaum einer diese Pflanzen kannte. Obstbäume, vor allem Birnen, Äpfel und Kirschen, füllten die Gärten. Diese Obstsorten waren im Mittelalter Grundlage für einen mit Honig gesüßten Obstwein – Krönung jeder bäuerlichen Festtagstafel.

Gewürze aus der arabischen Welt

Auf den Handelswegen, die von Ägypten über Polen nach Westeuropa führten, gelangten schon im 4. und 5. Jahrhundert Ingwer, Pfeffer, Nelken und andere Gewürze aus der arabischen Welt auf die lebhaften Jahrmärkte, die die Menschen in die Zentren der slawischen, später polnischen Städte lockten. Die bevorzugten Mahlzeiten bestanden damals aus herzhaften, kräftigen Fleischspeisen, zunehmend wurde jedoch auch Gemüse verwendet, um den Mahlzeiten mehr Abwechslung zu verleihen. Seit dem Mittelalter zählen Sauerkraut und Gurken, Weiß- und Rotkohl, Erbsen und Rüben zu den Grundelementen, in vorchristlicher Zeit hingegen hatte man dem Gemüse – obwohl es durchaus angebaut wurde – kaum Bedeutung beigemessen.

Die Not macht erfinderisch

Durch die Annahme des Christentums, das sich in Polen anfangs nur sehr zögerlich durchsetzte, veränderten sich die Essgewohnheiten. Fisch, den man schon zuvor als Alltäglichkeit betrachtet hatte, wurde zur wichtigsten Fastenspeise. Da die Fastentage den Polen heilig waren und streng eingehalten wurden, aßen sie häufig Fisch und ersannen immer neue Zubereitungsarten. Zum Fastenmahl gehörte Bier oder auch Met.

Fisch und Geflügel verdrängten allmählich das Fleisch. Das ärmere Bürgertum in den Städten ernährte sich, ähnlich wie die Bauern auf dem Land, von Grütze, Kohl, Bohnen und Brot aus grobkörnigem Mehl. Damals war Roggen das in Polen vorherrschende Getreide; er wurde überwiegend in Masuren sowie in Groß- und Kleinpolen angebaut. Auf Pilz- und Waldbeerengerichte traf man nicht nur in den Bauernhütten, sondern auch in den Stadthäusern. Durch den erfinderischen Umgang selbst mit einfachen Zutaten entstanden Gerichte, die bis heute zu den typischen polnischen Spezialitäten zählen, etwa Sauerampfersuppe, polnische Wurst oder Piroggen mit Sauerkraut.

Italienische und französische Einflüsse

Im 16. Jahrhundert hielt die italienische Küche ihren Einzug in Polen, denn König Zygmunt I. Stary (der Alte) heiratete in zweiter Ehe eine Römerin. Damals begann man mit dem Anbau von

Blumenkohl, Spargel, Salat, Sellerie und verwendete erstmals Suppengrün, auch Wurzelwerk genannt. Vom Ende des 16. Jahrhunderts an wuchs dann der Einfluss der französischen Küche. Die Ära der seit dem 14. Jahrhundert regierenden Jagiellonendynastie, durch deren enge Verbindung mit Litauen die polnische Küche entscheidend geprägt worden war, ging zu Ende. Die in den darauf folgenden Jahrhunderten herrschenden Wahlkönige – die nach dem Erlöschen der letzten Dynastie, den Jagiellonen, durch den Adel gewählt wurden – suchten sich ihre Gemahlinnen am französischen Hof und diese brachten ihre eigenen Köche mit. So erklären sich Rezeptnamen wie »Möhrensuppe Heinrich IV.«, »Filet à la Versailles«, »Zander à la Pompadour« oder »Creme Marquis«. Doch trotz des Einflusses, den die französische Küche ausübte, und kulinarischer Kostbarkeiten wie italienischen und französischen Weinen, Datteln, Rosinen, Orangen, Pfirsichen verbannten die Hofköche die landestypischen Gerichte nicht gänzlich aus ihrem Repertoire.

Auch an der fürstlichen Tafel genossen die vornehmen Damen und Herren weiterhin rustikale Mehlspeisen wie Piroggen und Plinsen, dazu Grütze, kräftige Suppen, einheimisches Gemüse aus dem Schlossgarten und polnisches Bier. Doch verzehrten sie auch Fleisch und erlesenen Fisch, Rebhühner und Sülze. Riesige Torten schmückten die Tafeln, der Met floss reichlich. Die berühmtesten Köche stellten kunstvolle Pasteten nach italienischer Art her. Ein »einfaches Mahl« im Haus eines Aristokraten zur Herrschaftszeit der Sachsenkönige im 17. Jahrhundert sah etwa so aus: Sauermehlsuppe, Käsepiroggen, Pute und zum Dessert exotische Früchte wie Pfirsiche oder Weintrauben.

Kulinarische Runden mit Dichtern und Gelehrten

Ein Festmahl war weitaus üppiger. Es begann mit leichten Vorspeisen: gefüllten Blätterteigpastetchen und Heringssalat, um nur zwei zu nennen. Danach servierte man diverse Suppen, gefolgt von mehreren miteinander kombinierten Braten aus Fleisch und Geflügel in raffinierten Arrangements, beispielsweise Rind-, Kalbs- oder

Hammelbraten, Puten, Gänse, Rebhühner oder Kapaunen, die in Form von Pyramiden oder Türmen übereinander geschichtet wurden. Ein Dessert fehlte nie. Platten mit Süßigkeiten, Kuchen und Gelees schmückten die Tafeln.

Der letzte polnische König, Stanisław August Poniatowski – er regierte von 1764 bis 1795 und galt als Mäzen der Wissenschaften und schönen Künste –, veranstaltete jeden Donnerstag kulinarische Runden, zu denen er Dichter, Künstler und Gelehrte einlud. Der König war bestrebt, Warschau zu einem kulturellen Zentrum zu entwickeln. Die gelehrten Tafelrunden fanden in den Residenzen des Königs statt, im Winter im Warschauer Schloss und an Sommertagen im Łazienki-Palais; gewöhnlich dauerten sie von 15 Uhr bis in die frühen Abendstunden. Auf dem Tisch standen neben auserlesenen französischen auch herzhafte polnische Speisen – Hammel war ein Lieblingsgericht des Königs. Bis heute bekannt ist Barszcz mit Öhrchen (Rote-Rüben-Suppe), eine der beliebtesten polnischen Suppen.

Doch blieb es nicht bei diesen exklusiven Treffen. Cafés und Speisehäuser entstanden, die allerdings anfangs nur vom Adel und dem reicheren Stadtbürgertum besucht wurden. Später florierten einfachere Gasthäuser, auf deren Speisekarten deftige polnische Gerichte wie Bigos oder Flaki standen. In den Cafés trafen sich Dichter, Politiker und Gelehrte der Universitäten. Hier wurde tage- und nächtelang diskutiert, außerdem literweise schwarzer, mit Kandiszucker gesüßter Kaffee getrunken. So erlebten während der Regierungszeit Poniatowskis Kultur und Küche einen enormen Aufschwung.

Das tägliche Mittagsmahl in einem gutbürgerlichen Haushalt setzte sich aus mehreren Gängen zusammen. In einer Art Rückkoppelungseffekt fanden polnische Gerichte wieder verstärkt Eingang in die ausländisch beeinflusste Küche. Die Köchinnen und Köche servierten frisches Gemüse, Grütze, Kohl und Erbsen, die vom Stadtbürgertum zeitweise verächtlich abgelehnt worden waren.

Nationale Küche und üppige Gastlichkeit

Allmählich entwickelten sich die drei vorherrschenden kulinarischen Stränge – die Küche des Adels, die des städtischen polnischen Bürgertums und die der Bauern – zu einer einheitlichen nationalen Küche. Alle drei waren von der Bildung des polnischen Staates an bis zur Abdankung des letzten Königs von unterschiedlichen Faktoren beeinflusst. Die Gerichte, die an traditionellen Festtagen und auf ländlichen Familienfeiern gereicht wurden, erfreuten sich auch bei den polnischen Adeligen wieder wachsender Beliebtheit. Ausländische Gäste rühmten die Gastlichkeit der Polen und die hohe Qualität der polnischen Küche, ihre Originalität und Vielfältigkeit.

Ein Gast für ein Festmahl findet sich immer

Das Essen war und ist den Polen wichtig, fast heilig, und wer keinen Gast zu bewirten hat, lädt einen ein. Diese jahrhundertealte Tradition hat sich über Generationen hinweg bis in die Gegenwart erhalten. Polnische Auswanderer, die oftmals aus wirtschaftlichen Erwägungen heraus ihr Land verließen, nahmen ihre Gastfreundlichkeit und ihre Lieblingsspeisen, Barszcz und Bigos, Karpfen und Mazurek (Osterkuchen) mit: nach Paris und Barcelona, nach Deutschland und Amerika. Viele der Auswanderer hofften auf ein besseres Leben in ihrer neuen Wahlheimat. Zu Zeiten der Goldgräber zog es mehrere Tausende Menschen aus Polen nach Amerika. Viele Familien, verstreut in aller Welt, essen jedes Jahr am Heiligen Abend Karpfen in Biersauce und sind sich dabei oft nicht bewusst, dass dieses Gericht ursprünglich aus Polen stammt.

Polnische Gerichte, häufig aufwändig zubereitet, werden auch mit entsprechendem Aufwand serviert. Der Gast erfährt nicht nur eine großzügige und zuvorkommende Bewirtung, er isst auch meist von erlesenem Geschirr. Alten polnischen Geschichten lässt sich entnehmen, welche Art Tafelgeschirr die Tische zierte. Italienische Fayencen und chinesisches Porzellan schmückten die Tafeln der Adligen. Später erfreute sich Meißener Porzellan wachsender Beliebtheit. Zur Herrschaftszeit August des Starken, König von Sachsen und Großfürst von Warschau, standen vorwiegend Silberbestecke und -gefäße, Glaskelche und -schüsseln auf den Festtafeln des Adels. Erst ab Mitte des 19. Jahrhunderts deckten die Gastgeber den Tisch mit polnischer Keramik.

Bei der ärmeren Bevölkerung wurde von einfachem Porzellangeschirr an den mit Leinen bedeckten Tischen gespeist. Die traditionelle Herstellung von Geschirr, Leuchtern, Gläsern und deren Bemalung mit polnischen Fayencen hat sich in einigen Gegenden des Landes bis heute bewahrt.

Zu festlichen Anlässen holt man das beste Geschirr aus dem Schrank, das nur für diese Gelegenheiten dort aufbewahrt wird. Für jeden Gang gibt es einen unbenutzten Teller, für jedes Getränk ein neues Gefäß, das Dessert ist in Gläser gefüllt. Auf dem Tisch stehen Brotkörbe, die ständig aufgefüllt werden. Ein Festessen in Polen mag sich über mehrere Stunden hinziehen und beginnt stets mit einem Trinkspruch und einem Glas Bier, Met oder polnischem Wodka. Wodka wurde in Polen übrigens bereits um die Wende vom 15. zum 16. Jahrhundert gebrannt, erlangte seine ungebrochene Beliebtheit allerdings erst gegen Ende des 19. Jahrhunderts. Das Ritual, bei Festmahlen auf jeden Gang einen Trinkspruch mit entsprechender flüssiger Begleitung folgen zu lassen (und mitunter das Ende eines Gangs gar nicht erst abzuwarten), hat sich über die Jahrhunderte hinweg erhalten; laut polnischer Definition ist jedes Mahl, an dem ein Gast teilnimmt, ein Festmahl – und ein Gast findet sich immer.

Fasane für Reiche, Kohl für die Armen

Während bei den Grundbesitzern und an den königlichen Tafeln die erlesensten Speisen gereicht wurden, mussten die ärmeren Schichten, besonders die Landbevölkerung, ihre Ernährungsweise den wirtschaftlichen Umständen anpassen. Im 17. Jahrhundert, zur Herrschaftszeit der Sachsenkönige, verschlechterten sich die Lebensbedingungen bei den Bauern zunehmend. Tafelte man an den Höfen Fasane, Kapaune, Piroggen, exotische Früchte, so ernährten sich die einfachen Menschen verstärkt von billigem Getreide. Sie bereiteten Gerichte aus

Hafer, aßen Kohl und Steckrüben. Das Sammeln von Beeren, Pilzen und Kräutern wurde zu einer lebenswichtigen Beschäftigung. Aus dieser Zeit hat sich der Kohl bis in die Gegenwart als eines der populärsten Gemüse erhalten und ist begehrter Bestandteil vieler polnischer Gerichte.

Obwohl in Polen die kulinarische Tradition gepflegt wird, hat sich in der zweiten Hälfte des 20. Jahrhunderts der westliche Einfluss in allen Bereichen des gesellschaftlichen Lebens verstärkt durchgesetzt. So erfreut sich die schnelle Küche wachsender Beliebtheit und besonders in den Städten bildet die typisch polnische Küche eher die Ausnahme.

Die jüdische Küche in Polen

Betrachtet man die Geschichte Polens etwas genauer und damit verbunden die kulinarischen Gewohnheiten, Bräuche und Traditionen, sollte das Ostjudentum und seine kulinarische Kunst nicht unerwähnt bleiben.

Im Mittelalter »Paradies« der Juden

Polen wurde im Mittelalter zum »Paradies« der Juden erwählt. Das polnische Königreich war offen und loyal, so dass das osteuropäische Land zum Ziel der Flüchtlinge und Ausgewiesenen wurde, die vor den vor allem in Westeuropa verstärkt stattfindenden Pogromen flüchteten. Unbehelligt konnten die Juden hier ihre Traditionen pflegen, ihren Glauben leben. In manchen Gegenden lebten zeitweise mehr jüdische als christliche Polen, besonders im Süden (Galizien). Bis Mitte des 17. Jahrhunderts herrschte, sieht man von vereinzelten antisemitischen Aktionen ab, ein friedliches Neben- und Miteinander.

Nach dem großen Kosakenkrieg gegen Polen um 1648, dem auch über 100.000 Juden zum Opfer fielen, kam es zu einer völligen Desolation der jüdischen Bevölkerung. Synagogen waren vernichtet, der Lebensraum der Juden zerstört. Erst allmählich konsolidierte sich das polnische Judentum und um 1765 lebten wieder etwa 750.000 Juden in Polen, was einen Anteil an der Gesamtbevölkerung von ungefähr sieben Prozent ergab.

Das Schtetl mit seinen Marktflecken wurde zum öffentlichen Mittelpunkt jüdischen Lebens. Hier wurde gehandelt, gefeilscht, gefeiert, getrauert. Die ostjiddische Sprache entwickelte sich, das Ostjudentum bildete sich als abgeschlossenes Kulturvolk heraus, welches bewusst das Jüdische lebte. So nahm auch die ostjüdische Küche ihren Aufschwung. Man beging die Festtage nach altjüdischem Brauch, der Sabbat war heilig. Das koschere Kochen wurde nach strengen religiösen Geboten befolgt.

Austausch der Kochkulturen

Die Juden waren durch die vielen Wanderungen auf der Flucht vor Verfolgungen und Vertreibungen gezwungen, sich den Bedingungen und Umständen ihres jeweiligen Aufenthaltes anzupassen. So finden sich in der israelitischen Küche Produkte und Gewürze slawischer Länder, das Lamm aus dem Nahen Osten, holländische Salzgurken, osteuropäische Suppen, Buchweizen, Sahnegerichte. Von ihrem Aufenthalt auf dem Balkan brachten die Juden die Fertigkeiten mit, Füllungen für Speisen zu bereiten, aus Österreich-Ungarn den Gulasch, schmackhaften Strudel und gemahlenen Paprika, aus Marokko die Aubergine. Im Laufe der Jahrhunderte modifizierten sie die Rezepte entsprechend ihren Bräuchen, religiösen Gesetzen, ihren Lebensumständen. So sind denn der typische Sabbat-Hefezopf oder die Mazze (ungesäuerter Teig) Erfindungen der Meister jüdischer Kochkunst.

Sicher ist eines: Die jüdische Küche ist so vielseitig wie keine andere der Welt – und hat strenge Vorschriften: ungesäuertes Brot, Fleisch nur von »reinen« Tieren, keine Gerichte, die mit Fleisch und Milch vermengt sind. Die koschere Küche, so sagt es die jüdische Religion, schützt vor Sünde, Unmoral und ist streng hygienisch.

Über die Jahrhunderte haben sich polnische und ostjüdische Küche stark angeglichen. Schmackhafte Suppen und Süßspeisen – Fisch in tausenderlei Varianten, gefülltes oder ungefülltes Geflügel, Rind, Gemüse, Eier- und Mehlgerichte, Desserts – hatten die polnischen Christen und Juden, ob arm oder reich, ob in der Stadt oder auf dem Land, auf dem Speiseplan, unterschieden nur durch die Art der Zubereitung als Ausdruck ihrer jeweiligen religiösen Zugehörigkeit, ihrer Traditionen sowie der Erinnerung an alte Bräuche.

Kulinarische Bräuche

Christliche und heidnische Traditionen

Die überlieferten slawischen Sitten und Bräuche sind in Polen trotz des starken Einflusses moderner, westlich geprägter Lebensweise bis heute lebendig geblieben: Trachten, Lieder und Tänze, Volkskunst und Malerei. Viele der alten Bräuche, beispielsweise zu Weihnachten oder Ostern, werden streng befolgt, sei es bei den Kaschuben, den Masuren, den Goralen oder den Schlesiern. In einigen Gegenden, zum Beispiel den Gebirgsregionen wie dem Riesengebirge, der Hohen Tatra oder in Masuren, fühlt man sich zuweilen um Jahrhunderte zurückversetzt. Die Bewohner dieser Gegenden halten sich nur allzu gern an die Hochzeitsrituale ihrer Vorfahren, servieren zum Fastenessen am Heiligabend fleischlose Gerichte, schlachten zum Osterfest Lämmer. Obwohl das Christentum mit seinen spezifischen Regeln ab dem 11. Jahrhundert massiv in Polen Einzug hielt, ist es den damaligen und auch späteren Herrschern nie gelungen, die heidnischen Sitten und Gebräuche völlig zu verdrängen. In vielen Fällen vermischten sich christliche und heidnische Tradition im Laufe der Jahrhunderte, was auch bei den beiden wichtigsten christlichen Festen spürbar wird, die in Polen willkommene Gelegenheiten zu einem kulinarischen Kräftemessen bieten. Neben dem Ostersonntagsmahl ist das Fastenessen am Heiligen Abend von vorrangiger Bedeutung.

Weihnachten und Neujahr

Am 24. Dezember, sobald der erste Stern am Himmel steht, versammeln sich polnische Familien im Lichterglanz der Weihnachtskerzen um den Esstisch. In vielen Häusern, insbesondere auf dem Land, wird entweder unter einer weißen Tischdecke Heu ausgebreitet oder in der östlichen Zimmerecke eine Heugarbe aufgerichtet. Dies soll die Ernte des folgenden Jahres symbolisieren und die Zukunft günstig beeinflussen. Jeder Gast zieht einen Halm; die Länge der gezogenen Halme zeigt an, ob eine schwere, aber erfüllte Zeit folgt oder ein erfolgreiches, friedliches Jahr ohne schwer wiegende Zwischenfälle.

Fastenessen in zwölf Gängen

Das Festmahl, paradoxerweise Fastenessen genannt, besteht aus zwölf Gängen. Alten Legenden zufolge steht jeder Gang für einen Apostel. Bevor es jedoch beginnen kann, wünschen sich alle Beteiligten gegenseitig ein frohes Weihnachtsfest. Unter Gästen und Familienmitgliedern wird zum Zeichen der Versöhnung eine Oblate verteilt. Man vergibt einander die bösen und harten Worte, die im Laufe des Jahres gefallen sein mögen. Der Toten wird ebenfalls gedacht. Ein zusätzliches Gedeck steht auf dem Tisch und auch auf diesem Teller liegt ein Stück der Oblate. Das soll bedeuten, dass der Verstorbene im Geiste an dem Friedensmahl teilnimmt und nicht vergessen ist.

Ein weiteres Gedeck liegt bereit für jemanden, der möglicherweise noch gar nicht mit am Tisch sitzt: Die Tür steht immer offen für einen fremden Gast. Oft wird auch von vornherein ein einsamer Mensch zum Festmahl eingeladen. Zu keiner anderen Zeit manifestiert sich die sprichwörtliche polnische Gastfreundschaft so wie am Heiligen Abend. Niemand soll ihn allein verbringen müssen.

Zwar setzt sich die weihnachtliche Mahlzeit in vielen ländlichen Gegenden nach wie vor aus den seit Generationen überlieferten Gerichten zusammen, doch in den Städten fällt sie häufig weniger aufwändig aus. Eine Weihnachtstafel nach altpolnischer Art ist in der Tat sehr vielfältig. Sie besteht beispielsweise aus Barszcz mit Öhrchen sowie einer Pilz- oder Fischsuppe, gefolgt von verschiedenen Fischgerichten. Weiter gibt es Pilzgerichte, sowie Kohl und Erbsen, die als traditionelles Weihnachtsgemüse gelten. Zum Dessert isst man Kompott aus Dörrobst oder Beerenspeisen, danach am liebsten Toruner Pfefferkuchen und einen speziellen Honigkuchen. Getrunken wird Met und Wodka, gelegentlich Wein.

Heiligabendmenü im 19. Jahrhundert: beim Adel …

Ein zwölfgängiges Heiligabendessen in einem adligen Haus des 19. Jahrhunderts:

Barszcz mit Öhrchen oder Mandelsuppe
Hecht in süßer Rosinensauce
Hecht in Safransauce
Kalter Hecht
Karpfen in Weinsauce
Barsch mit Kartoffeln
Hecht blau
Barsch mit Ingwer überbacken
Lachs mit italienischem Salat
Flammerie mit Himbeersaft
Ananasgelee
Pfeffer-, Honigkuchen

… und beim Volk

Ein einfaches Heiligabendessen vor hundert Jahren:

Barszcz mit Öhrchen oder Fischsuppe
Hecht
Karpfen
Gebratene Schleie in Meerrettich
Kompott aus getrockneten Früchten
Pudding
Pfeffer-, Honigkuchen

Die Gegenwart – vegetarisch

Ein vegetarisches Gericht zum Heiligen Abend:

Barszcz mit Öhrchen (Pilzfüllung)
Reis mit Erbsen überbacken
Grünkohl mit Eiern
Kohl mit Pilzen und Kartoffeln
Mohnkuchen
Pflaumenkompott

Ein aus dem frühen Mittelalter überlieferter Weihnachtsbrauch ist der alljährlich im Dezember in Kraków stattfindende Wettbewerb um den Bau der schönsten Krippe. Die älteste erhaltene Krippe befindet sich in der im 12. Jahrhundert erbauten Kirche Sw. Andrzeja. Zunächst gruppierten die Schnitzer ausschließlich die Könige aus dem Morgenland und die Heilige Familie um ihre Krippen, später ergänzten sie diese um Figuren aus dem Volk: Bauern, Kaufleute und Soldaten. Von den Weihnachtstagen an bis zum Dreikönigsfest ziehen Krippensänger durch die Dörfer und sammeln Gaben. Von Neujahr bis Aschermittwoch feierte man in Polen einstmals – heute noch vereinzelt – ausgiebig und ausgelassen Fastnacht. Der Geselligkeit vermochte man in jenen Wochen wie in sonst keiner Jahreszeit zu frönen. Die Pfarrer kamen nicht zur Ruhe, denn Ehen schlossen die Polen damals am liebsten während der Fastnachtszeit. Eine polnische Hochzeit währte mitunter drei Tage; in ländlichen Gegenden ist es bis heute üblich, zwei bis drei Tage lang mit vielen Gästen Hochzeit zu feiern.

Hochzeiten

Bevor eine Hochzeit stattfinden konnte, musste üblicherweise der Bräutigam bei den Eltern der Braut um ihre Hand anhalten. Nach erfolgreicher Werbung wurde eine nahe stehende Person auserkoren und für das erfolgreiche Gelingen der Hochzeit verantwortlich gemacht. Im Anschluss an die kirchliche Trauungszeremonie fand ein Festzug zum Haus der Braut statt. Zur Begrüßung empfing man die Gäste mit Brot und Salz; dann begann das Fest, bei dem die Gäste nach Herzenslust essen und trinken durften – und das hat sich bis heute nicht geändert. Gegen Ende wird der Kołacz herumgereicht und verteilt. In vorchristlicher Zeit verwendete man dieses mythische Gebäck nicht nur als Hochzeitskuchen, sondern auch als Opfergabe für die allmächtige Gottheit.

Der runde Kołacz muss eine ganz bestimmte Größe haben und wird mit Zweigen aus Teig geschmückt, die den Lebensbaum symbolisieren. Um eine glückliche Zukunft und Erfolg auf dem väterlichen Bauernhof heraufzubeschwören, wird der Kołacz darüber hinaus mit Teigfiguren verziert, die das Brautpaar darstellen oder Tiere, die auf dem Hof leben. In manchen Gegenden werden außerdem kleine Kuchen in Form von Enten oder Tannenzapfen gebacken, die man während der Trauungszeremonie den Schaulustigen zuwirft, die vor der Kirche auf das Brautpaar warten.

Derlei Hochzeitsbräuche sind fast überall, mit Ausnahme einiger ländlicher Gebiete in Südpolen oder Masuren, ausgestorben. In den Städten veranstalten die Brauteltern das Festgelage nach der Trauungszeremonie heutzutage meist in Restaurants. Bei Feiern im eigenen Heim werden die Gerichte nach altpolnischen Rezepten zubereitet und das Trinkspruchritual befolgt, bei dem die Gäste jede Menge Alkohol konsumieren.

Fastnacht

Während der geselligsten Jahreszeit – von Ende Dezember bis Aschermittwoch – pflegte man in der Blütezeit des polnischen Staates unter der Herrschaft polnischer Könige nicht nur zu heiraten, sondern auch Maskenbälle zu veranstalten. Der altpolnische Adel frönte beispielsweise einem Kulig genannten Fastnachtsvergnügen. Man besuchte und bewirtete einander, aß üppig, trank reichlich, jedoch nicht, wie sonst üblich, höfische Delikatessen. Die beim Kulig bevorzugten Gerichte waren nämlich Bigos, ein Kohleintopf mit viel Fleisch und deftigen Zutaten, sowie andere bäuerliche Kost. Der Fastnachtspfannkuchen, ein in reichlich Schmalz ausgebackener Leckerbissen, wurde am passenderweise als »fett« bezeichneten Donnerstag vor Aschermittwoch verspeist. Noch heute haben am »fetten Donnerstag« die Bäcker in Warschau alle Hände voll zu tun, denn der Warschauer Pfannkuchen avanciert an diesem Tag zum Nationalgericht.

Seitdem das Christentum vorherrschte bis zum Untergang Polens durch die erste Teilung Ende des 18. Jahrhunderts verlustierte sich nicht nur der Adel in übermütiger Fastnachtsstimmung, auch die Bauern und die ärmere Stadtbevölkerung wussten sich zu amüsieren. Auf den Märkten wurde getanzt, gegessen und getrunken. Die jungen Männer sammelten bei ihren Mädchen im Dorf Leckerbissen und Überreste der Mahlzeiten ein, luden sie auf ihre Wagen und brachten sie zum Marktplatz, wo die gesamte Dorfbevölkerung am Schmaus teilnahm. Am Aschermittwoch endete die gesellige Zeit.

Ostern

Das Osterfest war und ist neben dem Heiligabend für die Polen ebenfalls von größter kulinarischer Bedeutung. Bei keinem anderen Fest hat sich die

Tradition so ungebrochen erhalten wie zu Ostern, das gilt selbst für die modernen polnischen Städte.

Die Vorbereitungen beginnen am Palmsonntag. In der Gegend um Kraków beispielsweise ziehen die Dorfjungen von Haus zu Haus. Sie sind herausgeputzt, tragen Körbe und Hämmerchen in der Hand. Damit klopfen sie an die Eingangstüren, sagen spöttische Verse auf, singen humorige Lieder oder rezitieren Gedichte. Dafür erhalten sie Eier, Gebäck oder einige Münzen als Belohnung.

Am Palmsonntag werden geweihte Weidenkätzchen aufgestellt. Die gesamte Karwoche wird gefastet, es gibt nur Śur (Sauermehlsuppe), Grütze und Kohl. Früher wurde diese Sitte in Polen sorgfältig beachtet, heute befolgen sie lediglich strenggläubige Katholiken, vor allem auf dem Lande.

Das Ei als Symbol des Lebens

Am Karfreitag, dem Höhepunkt der vorösterlichen Fastenwoche, an dem in strenggläubigen Häusern mitunter Brot und Wasser die einzige Mahlzeit sind, die Räume verdunkelt werden und strengste Stille herrscht, »verabschieden« die Menschen sich von den Gerichten der langen Fastenzeit, am Ostersamstag wird eifrig gebacken und gebrutzelt. Am Ostersonntag dann biegen sich die Tische. Neben verschiedenen Wurstsorten, Schinken und dem traditionellen Spanferkel essen die Polen zu Ostern diverse Kuchen wie Mazurek und Baba; man trinkt Wodka und Wein. Die Ostertafel ist mit bunt bemalten Eiern geschmückt. Das Ei gilt als Symbol des Lebens, es bedeutet Fruchtbarkeit und soll Gesundheit bewirken. Mitten auf dem Tisch prangt ein aus Zucker oder Butter modelliertes Osterlamm. In traditionsbewussten Häusern bildet es bis heute den Mittelpunkt der österlichen Festtagstafel. Vor dem Festessen erhält jeder ein Ei, man wünscht sich gegenseitig frohe Ostern. Am Ostermontag, wenn der Festschmaus verdaut ist, werden in einigen Gegenden, zum Beispiel in Schlesien, geschmückte Zweige mit Gesang durchs Dorf getragen, um von der Ankunft des Frühlings zu künden.

Zu den Feiertagen, die landestypisch mit Festmählern begangen werden, zählen auch die Johannisnacht und Pfingsten, regional auch Fest des Frühlings genannt. Bei den Erntefesten, die im August stattfinden, werden Kränze aus Weizen- und Roggenähren verteilt, früher vorwiegend an die Grundbesitzer. Die Kränze sollen eine fruchtbare Ernte im folgenden Jahr bewirken. Jedes dieser Feste gibt Anlass zu reichlichem Essen und Trinken.

Gastronomie

Die Polen besuchen Restaurants nicht häufig, sie bevorzugen häusliche Kochkunst. Zudem existieren nur noch wenige Gaststätten, welche die traditionelle Küche pflegen. In der polnischen Gastronomie hat die internationale Küche Einzug gehalten, und auf den Speisekarten findet der Gast neben wenigen einheimischen Spezialitäten überwiegend französische, italienische oder chinesische Speisen.

Mittelalterliches Ambiente

In den Restaurants allerdings, die traditionelle polnische Gerichte servieren, fühlt man sich häufig geradezu ins Mittelalter versetzt. Das rührt nicht nur von der Architektur der Häuser her, die diese Restaurants in der Regel beherbergen, sondern liegt auch daran, dass sie meistens in den Altstädten rings um die mittelalterlich anmutenden Märkte angesiedelt sind, wie sie beispielsweise in Warschau, Kraków oder Gdańsk anzutreffen sind. Polnische Gastgeber führen ihre ausländischen Gäste gerne in Lokale, die authentische altpolnische Gerichte servieren. Auch die Einrichtung, oftmals aus altem Holz, sowie das Tafelgeschirr – polnische Keramik, polnisches Glas –, dazu Fresken oder alte Stiche an den Wänden verleihen dem Gast das Gefühl, das Mittelalter hautnah zu erleben.

In Warschau oder im alten Kraków liegen die beliebtesten dieser Spezialitätenrestaurants unweit der Königsschlösser. In Kraków beispielsweise verkehren Liebhaber der polnischen Küche im »Staropolska« oder im »Wierzynek«, das den Ruf besitzt, eines der besten Restaurants in Polen zu sein. Die Legende berichtet, dass der Krakówer Kaufmann Pan Wierzynek im Jahre 1364 einen üppigen Empfang für die Gäste des Königs Kazimierz Wielki (Kasimir der Große) gab und jedem der Gäste als Erinnerung an dieses Festmahl, bei dem gebackene Pfauen, Barszcz, Rebhuhn mit Preiselbeeren und zahlreiche weitere Leckereien serviert wurden, ein goldenes Gedeck überreichte. Alljährlich werden in dieses Restaurant, das sich im ehemaligen Haus des Kaufmanns befindet, Persönlichkeiten des öffentlichen Lebens – Schriftsteller, Politiker, Künstler, Architekten – zu einem traditionellen Mahl geladen.

Kaffee, Tee und Wein

Ein traditionelles Restaurant in der Warschauer Altstadt ist das hinter der alten Stadtmauer (Barbakan) gelegene »Rycerska« (Zum Ritter), zu dessen Spezialitäten Wild und Geflügel nach altpolnischer Art sowie Gerichte aus der königlichen Schlossküche des 17. und 18. Jahrhunderts zählen.

Weinstuben, zumal in den Altstädten und historischen Vierteln, gehören zu den beliebtesten Aufenthaltsorten der Polen in ihrer Freizeit. Neben verschiedenen Weinsorten wird Met kredenzt, ein Honigwein nach mittelalterlichem Rezept.

Eines der bevorzugten Getränke in Polen ist allerdings Tee, dementsprechend stößt man fast überall auf kleine Gaststuben, in denen Tee, manchmal auch Kaffee, zu süßem Gebäck getrunken wird. Im Sommer haben Straßencafés Hochkonjunktur. Straßenmusikanten ziehen umher, Maler, meist Studenten, führen ihre Bilder vor, Blumenstände umrahmen die Cafés.

Eine typisch polnische Einrichtung sind die *bary mleczne* (Milchbars). Man trinkt dort keine Milch, isst auch kein Eis, bestellt höchstens auf die Schnelle einen Kaffee. In diesen einfach eingerichteten Lokalen, die den deutschen Imbissstuben vergleichbar sind, nimmt man im Vorbeigehen ein kleines Frühstück zu sich, einen einfachen Mittagsimbiss oder trinkt einen Saft.

Essgewohnheiten

In Polen ist es, wie andernorts in Europa, üblich, drei- bis viermal am Tag eine Mahlzeit zu sich zu nehmen. Zur Gewohnheit ist mittlerweile ein zweites Frühstück geworden, das entsprechend den Lebensumständen jedes Einzelnen zu Hause, in einer Milchbar oder am Arbeitsplatz eingenommen wird. Erst seit einigen Jahrzehnten hat sich die Hauptmahlzeit auf den Abend verlagert, wobei auch in Polen zunehmend auf leichtere und gesündere Kost geachtet wird. In vergangenen Jahrhunderten hingegen – bis in die erste Hälfte des 20. Jahrhunderts – arbeiteten die Frauen nicht außer Haus, sondern hatten neben der täglichen Arbeit für das Essen zu sorgen. Ein Mittagsmahl in einem polnischen Haushalt gestaltete sich meist üppig und aufwändig. Die Familien, besonders auf dem Lande, waren sehr groß, die Vorbereitung dauerte daher einige Stunden. Da die meisten Familienmitglieder heutzutage ihre Mittagsmahlzeit – meist nur einen Imbiss – am Arbeitsplatz oder in der Schule einnehmen, werden viele typische Mittagsgerichte am Abend zubereitet; die traditionelle Mittagstafel ist auf das Wochenende beschränkt, zudem auf Festtage und Familienfeiern, wie beispielsweise den Namenstag, der in Polen festlich begangen wird. Wie in anderen Ländern an Geburtstagen üblich, gratulieren in Polen die Gäste zum Namenstag und überreichen kleine Geschenke. Natürlich ein willkommener Anlass, ein Festmahl zu bereiten.

Jeder Gang eine Klasse für sich

Doch schon ein alltägliches Mittagsmahl besteht in der Regel aus mehreren Gängen. Da man gern herzhaft und in aller Ruhe tafelt, soll zunächst eine Vorspeise den Appetit anregen und, falls Gäste zu Besuch sind, die Atmosphäre lockern. Heringshappen, in vielen Variationen zubereitet, werden zu diesem Zweck meist zusammen mit einem Gläschen Wodka sowie einem herzlichen Trinkspruch des Hausherrn gereicht. Bald beginnt das

Eis zu schmelzen, das Mahl ist eingeläutet. Nach der Vorspeise folgt eine Suppe. Sie fehlte und fehlt in der Regel selbst bei den ärmsten Bauern nicht, die es früher noch in den strengsten Wintern verstanden, mit einigem Erfindungsgeist Suppen zu bereiten und ihre Familien satt zu bekommen. In den heißen Sommern tischte man Beerensuppen auf. Noch heute lassen sich in den polnischen Wäldern mühelos reichlich Heidelbeeren und Himbeeren sammeln, so dass frische Beerensuppen nichts an Beliebtheit eingebüßt haben. Auch süße Milchsuppen werden geschätzt, vor allem zum Frühstück. Für die Zubereitung einer kräftigen Suppe gelten in Polen ungeschriebene Gesetze. Unerlässliche Bestandteile sind ein klarer Gemüsesud aus Suppengrün, je nach Suppenart durch Fleisch ergänzt, eine häufig mit saurer Sahne verfeinerte Mehlschwitze, Gewürze und Kräuter wie Lorbeer, Pfefferkörner, Petersilie und Dill – sowie die Hauptzutat, die der Suppe ihren Namen verleiht. Je nach den Gewohnheiten des jeweiligen Haushalts oder einer Region behaupten zusätzlich Basilikum, Kümmel, Majoran und Thymian ihren Platz im Gewürzregal.

Nach den beiden ersten Gängen ergibt sich meistens eine kurze Pause. Das Hauptgericht ist fast immer ein aufwändig zubereiteter Braten, manchmal mit, häufig ohne spezielle Sauce. Saucen werden nur zu ausgewählten Gerichten serviert, auch abhängig davon, wie saftig das Fleisch ist. Einige Gerichte wie Karpfen oder Zunge sind zwar erst aufgrund ihrer unverwechselbaren süßen Saucen über die polnischen Grenzen hinweg bekannt geworden, traditionsgemäß jedoch wird ein Braten jedoch im eigenen, lediglich mit saurer Sahne abgeschmeckten Saft angerichtet. Beliebt sind kalte Saucen zu heißen oder kalten Braten oder Dillsaucen zu gekochtem Fisch.

Die berühmten polnischen Pilze

Und selbstverständlich fehlen im Land der Pilze köstliche Pilzsaucen nicht, die bevorzugt zu Wild oder Klößen serviert werden. Zahlreiche polnische Gerichte erhalten erst durch die Zugabe von Pilzen – oft auch getrockneten – ein einzigartiges Aroma.

Champignons aus Polen gelten im Ausland als Delikatesse, aber es sind die Steinpilze, die im Land vor allen anderen geschätzt werden.

Beliebte Beilagen zu Braten sind außer den Pilzen und charakteristischen Backpflaumen verschiedene Grützen. Sie standen, ob gebraten oder gekocht, schon auf dem Tisch, als die Kartoffel in Polen noch völlig unbekannt war. Erst seit etwa drei Jahrhunderten erfreut diese sich ähnlicher Beliebtheit wie Grütze oder Klöße, die je nach Region unterschiedlich zubereitet werden: in Schlesien mit Speck, in Masuren ohne. Schließlich gehört zum Braten eine Gemüsebeilage, inzwischen häufig als Rohkost.

Nach dem Hauptgericht folgt das Dessert: Pudding, Kissel, Kompott aus wenigen Fruchtstücken in Pflaumen- oder Birnensaft. Kaffee sowie selbst gebackener Kuchen oder Gebäck runden die Mahlzeit ab. Ein typisches Sonntagsmenü besteht beispielsweise aus Heringen in saurer Sahne, gefolgt von Champignonsuppe, Rinderbraten mit Pilzen, Buchweizengrütze und Tomatenrohkost; zum Abschluss reicht man Birnenkompott sowie Kaffee oder Tee, dazu Kuchen.

Polnische Gastlichkeit

Tradition der Gastfreundschaft

Spontaneität und Herzlichkeit sind polnische Tugenden, aufgrund derer jeder Gast begeistert in das Land zurückkehrt. In keinem Bereich des täglichen Lebens hat sich das Traditionsbewusstsein so lebendig erhalten wie hier. Im Mittelalter, als die Landgüter Meilen voneinander entfernt waren und es großer Anstrengungen bedurfte, in die nächste Stadt oder auch nur zu einem benachbarten Hof zu kommen, stellte jeder, der ans Eingangstor klopfte, eine willkommene Abwechslung dar, denn viele Landstriche waren nur spärlich bevölkert und entsprechend einsam.

Emsige Geschäftstätigkeit setzte bei der Ankunft eines Gastes ein. Die Dame des Hauses bereitete mit dem Personal das Essen zu, mehrere Gänge wurden aufgetragen, und wenn der Besuch das Haus wieder verließ, erhielt er als Dank und zur Erinnerung noch ein Geschenk mit auf den Weg.

Ein Geschenk für den Gast

Auch diese Tradition hat sich bis heute erhalten. Verlässt ein Gast ein polnisches Heim, trägt er nicht selten ein Erinnerungsgeschenk bei sich, vielleicht einen Gegenstand, der während seines Besuchs seine besondere Aufmerksamkeit erregt hat. Nicht nur in den Adelspalästen war diese Gastfreundschaft selbstverständlich. Noch unkomplizierter und herzlicher nahmen die Bauern Gäste auf und bewirteten sie, selbst wenn die Vorratskammern leer waren. Der Garten, der nahe Wald, ein See am Haus und eigene Haustiere boten den Grundstock für einfache, schnell zubereitete herzhafte Speisen.

Ihre Gastfreundschaft ist den Polen nicht abhanden gekommen, obwohl sich die Lebensbedingungen verändert, oft auch verschlechtert haben. Nach dem obligatorischen Begrüßungstrunk verleihen Geselligkeit, Freundlichkeit, üppige Mahlzeiten, intensive Gespräche, polnischer Wodka, Tee und süßes Gebäck auch dem Neuankömmling das Gefühl, nicht zum ersten Mal zu Gast zu sein, und gewiss verspricht er beim Abschied bereitwillig, bald wiederzukommen.

Die polnische Küche in und aus aller Welt

So wie sich die Anzahl der Mahlzeiten, die in den früheren Jahrhunderten lediglich ein- bis zweimal am Tag, dafür jedoch umso ausgiebiger eingenommen wurden, sich den Veränderungen der Lebensgewohnheiten anpasste, haben sich auch die Gerichte verändert. Das Gemüse verdrängte nach und nach die reichhaltigen Fleischmahlzeiten. Aufwändige, schwere Speisen wurden im Laufe der Entwicklung durch Gerichte ersetzt, die sich schnell zubereiten lassen und trotzdem ihrer Geschmacksrichtung – süßsauer und deftig-herzhaft – treu geblieben sind. Die Leckereien, Backwerk und Desserts, haben den Duft der alten polnischen Küche behalten und der Wodka, der seinen Ruhm in alle Welt hinausträgt, fehlt auf keiner Festtafel.

Einige Gerichte der polnischen Küche sind nicht unbekannt, sie werden oft in Europa selbst zubereitet, wie der Karpfen in Biersauce oder die schlesischen Klöße, oder eben bei einem Besuch in Polen probiert, wie beispielsweise der Bigos. Die polnische Küche hat natürlich viel mehr zu bieten als ihre deftig-herzhaften Gerichte. Sie lässt Geschichte kulinarisch erleben – königliche Festmahle im Wawelschloss in Kraków oder im Königsschloss in Warschau, gesellige Bauernrunden in Kaschubien oder bei den Goralen in den Bergen, Kaffee oder Tee in altstädtischen Kaffeehäusern und Met in altpolnischen Weinstuben. Gerichte aus frischen Pilzen lassen die tiefen polnischen Wälder erahnen, Wildgerichte erinnern an die Jagden des Adels, das Beerenobst lässt gesunde Natur fühlen und ein Fischgericht erinnert an die Masurischen Seen.

Die polnische Küche macht neugierig auf ein Land, das mitten in Europa liegt und doch weit entfernt erscheint. Die traditionelle Küche Polens, geprägt durch die Geschichte vergangener Jahrhunderte, lässt Essen und Trinken zu einem deftigen und unvergesslichen Erlebnis werden, denn hinter den schmackhaften polnischen Gerichten verbirgt sich das Gefühl, kulinarisch vom frühen Mittelalter bis in die Gegenwart und quer durch Europa gereist zu sein, ohne das gegenwärtige Polen – von der Vorspeise bis zum Dessert – auch nur einen Augenblick verlassen zu haben.

Abkürzungen im Rezeptteil

EL	Esslöffel
TL	Teelöffel
g	Gramm
kg	Kilogramm
l	Liter
ml	Milliliter

Wenn nicht anders angegeben, sind Tee- und Esslöffel gestrichen gefüllt.

Alle Rezepte mit Ausnahme der Getränke sind für vier Personen berechnet.

© fragenus / PIXELIO

▲ Masuren ist bekannt als das größte zusammenhängende und fischreichste Seengebiet Polens. Die einzigartige Natur zieht jährlich Tausende Angler und Radfahrer an die Masurische Seenplatte.

▲ Pilze aus heimischen Wäldern, zum Trocknen aufgehängt. Solche Pilze fehlen in keiner Sauce, Suppe oder herzhaftem Gericht – sie gelten als Kleinod der polnischen Küche.

▲ Händlerin in einer der vielen Markthallen in Warschau mit einem Angebot aus eigener Land- und Gartenwirtschaft.

▲ Gemüse- und Obststand auf einem Warschauer Markt. Im Vordergrund Moosbeeren, eine Art Preiselbeeren, die zur Geschmacksverfeinerung in kräftigen Speisen, Saucen, aber auch als Süßspeise verwendet werden.

Vorspeisen
Przekąski

Omelett nach Bürgerart
Omlet obywatelski

50 g Hühnerklein
Butter
1 kleiner Apfel
2 EL Rosinen
2-3 Eier
2-3 EL Milch oder Sahne
Curry
Zitronensaft

◆ Das Hühnerklein in Butter anbraten. Den Apfel vierteln, mit den Rosinen zugeben und alles dünsten.
Die Eier mit Milch verschlagen. In einer Pfanne Butter zerlassen, die Eiermasse hineingießen und bei schwacher Hitze ohne Rühren stocken lassen, bis die untere Seite durchgebraten ist.
Die Huhn-Apfel-Füllung darauf verteilen, das Omelett von beiden Seiten her umschlagen, kurz zugedeckt auf dem Herd stehen lassen und portionsweise auf einer Platte anrichten. Heiß servieren.

Überbackene Äpfel mit Fleisch
Jabłka z mięsem zapiekane

½ Brötchen oder 1 Scheibe Weißbrot
8 Äpfel
250 g Hackfleisch vom Rind
1 Eiweiß
1 Zwiebel
1 EL Butter

◆ Das Brötchen einweichen. Das Kerngehäuse der Äpfel entfernen und die Äpfel so aushöhlen, dass die Außenwand 5 mm beträgt. Das Hackfleisch mit Brötchen, Eiweiß, Pfeffer und Salz mischen. Die Äpfel mit der Masse füllen.
Zwiebel in Ringe schneiden, in Butter anbraten und in eine feuerfeste Form geben. Gefüllte Äpfel und herausgeschnittene Apfelstücke darauf verteilen und im vorgeheizten Ofen 30 Minuten backen.
Beilage: Salz- oder Pellkartoffeln

Hefe-Mürbeteigtaschen mit Weißkohl
Kapuśniaczki krucho-drożdżowe

2½ Stunden Zubereitungszeit

20 g Hefe
250 g Mehl
⅛ l Milch
2 Eigelb
150 g saure Sahne
130 g Butter
2 EL Zucker
1 kleiner Weißkohl
1 gehackte Zwiebel
Salatblätter

◆ Hefe, Mehl, Milch, Eigelb, saure Sahne, 80 g Butter sowie eine Prise Zucker und Salz zu einem Teig verarbeiten. An einem warmen Ort eine Stunde gehen lassen.
Den Kohl raspeln und in Salzwasser dünsten.
Zwiebel in etwas Butter anbraten. Kohl, eine Prise Pfeffer und Salz sowie den restlichen Zucker zugeben, gut durchrühren und kurz weiterbraten.
Back- oder Pergamentpapier in etwa 10 mal 3 cm große Rechtecke schneiden und mit der restlichen Butter bestreichen. Den Teig in kleine Portionen teilen und ausrollen. Die Kohlmasse darauf verteilen. Die einzelnen Portionen locker in die Papierstücke einrollen, die Papierenden nach unten einschlagen und so auf ein Backblech legen. Nochmals etwa 15 Minuten gehen lassen, danach im vorgeheizten Ofen bei mittlerer Hitze 30 bis 40 Minuten backen.
Das Papier entfernen und die Taschen auf einer mit Salatblättern ausgelegten Platte anrichten.

Kalbspastete
Pasztet z cielęciny

am Vortag beginnen
3 Stunden Zubereitungszeit

10 g getrocknete Pilze
500 g Kalbsrücken
200 g Schweinefleisch
1 Bund Suppengrün
2 Lorbeerblätter
3 Pimentkörner
100 g durchwachsener Speck
(2 schmale Scheiben)
1 dicke Scheibe Weißbrot
400 g Kalbsleber
3 Eier
geriebene Muskatnuss
Ingwer
2-3 EL Butter

◆ Die Pilze einweichen. Das Fleisch in 4 cm große Würfel schneiden. Mit Suppengrün, Pilzen, Lorbeerblättern und Pimentkörnern in Salzwasser anderthalb Stunden kochen. Kurz vor Ende der Garzeit eine Scheibe Speck hinzufügen und weitere 30 Minuten kochen.
Die Brühe durchseihen und zur Seite stellen. Das gegarte Fleisch von den Knochen lösen.
Das Weißbrot in ⅛ l Brühe einweichen. Die Leber in Scheiben schneiden, mit ⅛ l Brühe übergießen und etwa 5 Minuten dünsten. Weißbrot, Fleisch, Suppengrün, Pilze und Leber hacken oder in einer Küchenmaschine zerkleinern. Die Eier sowie eine Prise Ingwer und Muskat untermischen.
Eine Form mit Butter ausstreichen, die beiden Speckscheiben hineinlegen und die Form zu drei Viertel mit der Masse füllen. Im Wasserbad eine Stunde garen. Kurz abkühlen lassen, noch lauwarm auf eine Platte stürzen.
Beilagen: Salat, pikante Saucen

Die Pastete kann auch im Ofen gebacken werden.

Polnische Häppchen
Polskie przekąski

3 Stunden wässern

250 g Backpflaumen
250 g Räucherspeck
3-4 EL Butter
Kümmel

◆ Die Pflaumen etwa drei Stunden wässern. Das Wasser abgießen und die Pflaumen entkernen. Speck in Scheiben schneiden. In jede Scheibe eine Pflaume einrollen, mit Holzspießchen zusammenhalten. In Butter braten und mit Kümmel bestreuen.

Werden die Häppchen im Voraus zubereitet, sie vor dem Servieren im Backofen aufwärmen.

Schnittchen mit Heringspaste
Kanapki ze śledziem

200 g Salzhering
2 Eigelb
80 g Butter
einige Scheiben Roggenvollkornbrot

◆ Den Hering kurz wässern, gegebenenfalls die Haut abziehen, filetieren und entgräten. Hacken oder in einer Küchenmaschine zerkleinern. Mit Eigelb und Butter zu einer lockeren Masse verrühren. Mindestens eine Stunde kalt stellen.
Vor dem Servieren das Brot in 3 cm große Quadrate schneiden und mit der Paste bestreichen.

Heringspaste wird häufig auch zum Garnieren verwendet.

Hering nach Danziger Art
Śledź po gdańsku

500 g Salzheringe
½ l Milch
1 großer Apfel
Zitronensaft
150 ml trockener Weißwein
Zucker
geriebene Muskatnuss
2 Eigelb

◆ Die Heringe gegebenenfalls ausnehmen. In Milch etwa 20 Minuten einweichen.
Den Apfel raspeln und mit Zitronensaft beträufeln. Den Wein aufkochen. Tropfenweise das mit je einer Prise Zucker und Muskat verrührte Eigelb zugießen, rasch durchrühren. Den Apfel beifügen. Die Heringe zusammenrollen, auf einer Platte anrichten und mit der Weinsauce übergießen.

Sejm-Eier

Jaja sejmowe

200 g Reis
4-5 gehackte Champignons
Butter
3 EL Ketchup
3 EL Mayonnaise
1 Bund Dill
Zitronensaft
8 Scheiben Räucherlachs
4 hart gekochte Eier
2 EL Kaviar
Salatblätter

◆ Den Reis in Salzwasser garen. Die Pilze in Butter braten. Beides abkühlen lassen.
Reis, Pilze, Ketchup, Mayonnaise und gehackten Dill mischen, mit Salz, Pfeffer und Zitronensaft abschmecken. Aus der Masse acht Kugeln formen und jede mit einer Lachsscheibe umwickeln. Die Eier halbieren, mit Kaviar garnieren und mit den Lachskugeln auf einer mit Salatblättern ausgelegten Platte anrichten.

Eier nach Krakauer Art

Jaja po krakowsku

4 hart gekochte Eier
Salatblätter
10 Blumenkohlröschen
2 EL gehackte Mandeln
1 EL geriebener Meerrettich
2 EL gehackte frische Petersilie
Zucker
Zitronensaft
100 ml Sahne
1-2 EL Ketchup

◆ Die Eier halbieren und auf einer mit Salatblättern ausgelegten Platte anrichten. Den Blumenkohl in Salzwasser garen, abkühlen lassen und um die Eier verteilen. Mit Mandeln bestreuen.
Meerrettich, 1 EL Petersilie, je eine Prise Salz, Pfeffer und Zucker sowie Zitronensaft mischen, Sahne unterrühren und über die Eier gießen. Ketchup darüber verteilen und mit der restlichen Petersilie garnieren.

Eier mit Wurstfüllung
Jaja nadziewane z kiełbasą

4 hart gekochte Eier
100 g Jagdwurst
1-2 EL geriebener Käse
2 EL Sahne
100 g Mayonnaise
Senf
einige Stängel Petersilie

◆ Die Eier längs halbieren, das Eigelb herausheben. In einer Küchenmaschine Wurst mit Eigelb und Käse pürieren. Sahne, Pfeffer und Salz beifügen. Die Eiweißhälften mit der Masse füllen und auf einer Platte anrichten.
Mayonnaise mit etwas Senf verrühren und über die Eier verteilen, mit Petersilie garnieren.

Suppen
Zupy

Brotsuppe
Zupa chlebowa

Ein Gericht der ärmeren Bevölkerung, das noch heute beliebt ist

200 g Rinderknochen
1 Bund Suppengrün
1 gehackte Zwiebel
1 dicke Scheibe altbackenes Schwarzbrot
2 Eigelb
100 ml Sahne
3 El Butter
gehackte frische Petersilie
Kümmel

◆ Knochen, zerkleinertes Suppengrün und Zwiebel in 1½ l Salzwasser auskochen. Die Brühe durchseihen, die Hälfte zur Seite stellen.
In der anderen Hälfte das Brot etwa 10 Minuten kochen. Durch ein Sieb streichen und zur klaren Brühe geben.
Eigelb mit Sahne und Butter verrühren, pfeffern und salzen, Petersilie und Kümmel unterrühren. In die Brotbrühe geben, kurz aufkochen und heiß servieren.

Poznaner Kartoffelsuppe
Kartoflanka poznańska

750 g Kartoffeln
1 Bund Suppengrün
1 gehackte Zwiebel
1 TL Basilikum
2-3 El Butter
100 ml saure Sahne
gehackter frischer Dill

◆ Kartoffeln und Suppengrün würfeln. Mit der Zwiebel in 1½ l Wasser geben, salzen, pfeffern, mit Basilikum würzen und garen.
Butter, Sahne und Dill gut untermischen. Die Suppe noch einmal kurz aufkochen und sofort servieren.

Kaschubische Kohlsuppe
Kapuśniak kaszubski

2 Stunden Zubereitungszeit

250 g Rinderknochen
1 Bund Suppengrün
1 EL Tomatenmark
1 kleiner Weißkohl
1 gehackte Zwiebel
Kümmel
200 ml saure Sahne
2-3 EL Mehl

◆ Knochen, zerkleinertes Suppengrün und Tomatenmark in 1½ l Salzwasser auskochen. Die Brühe durchseihen.
Den Kohl hobeln, salzen, mit Zwiebel und einer Prise Kümmel in einen Teil der Brühe geben und etwa eine Stunde garen. Nach und nach den Rest der Brühe zugießen. Am Ende der Kochzeit saure Sahne mit Mehl verrühren und die Suppe damit binden. Heiß servieren.

Variante
Den Weißkohl durch Sauerkraut ersetzen.

Sauerampfersuppe
Zupa szczawiowa

Ursprünglich aus der Not entstanden, hat diese Suppe zunehmend alle Gesellschaftsschichten erobert. Sie fehlte an keiner Königstafel und ist heute im Sommer sehr beliebt.

1 Bund Suppengrün
3 EL Butter
150 g Sauerampfer
¼ l Milch oder Sahne
2-3 EL Mehl
1-2 Brühwürfel
2 Eigelb

◆ Das zerkleinerte Suppengrün mit 1 EL Butter in 1½ l Salzwasser kochen. Die Brühe durchseihen und zur Seite stellen.
Die Stiele vom Sauerampfer entfernen, die Blätter hacken oder in einer Küchenmaschine zerkleinern. Die Hälfte der Blätter in eine Suppenschüssel geben, die andere Hälfte in wenig Wasser dünsten.
Die Brühe mit Milch verquirlen und bei schwacher Hitze mit Mehl binden. Den gegarten Sauerampfer, Brühwürfel und etwas Salz zufügen, durchrühren.
Eigelb mit der restlichen Butter mischen, vor dem Servieren unter die Suppe rühren und diese über den rohen Sauerampfer in der Schüssel gießen.

Spinatsuppe
Zupa ze szpinaku

Ein osteuropäisch-jüdisches Rezept

für 4-6 Personen

500 g tiefgekühlter Spinat
3 El Butter
3 El gehackte Zwiebeln
3 El Mehl
6 Tassen lauwarme Milch
geriebene Muskatnuss

◆ In einem feuerfesten Gefäß aus Glas den Spinat mit ½ Tasse Wasser 5 Minuten kochen. Durch ein Sieb seihen und zur Seite stellen.
In einem Topf Butter zerlassen und die Zwiebeln bei schwacher Hitze 5 Minuten dünsten. Mehl unterrühren, Milch zugießen und alles unter ständigem Rühren zum Sieden bringen. Den Spinat beifügen, mit Salz, 1 TL Pfeffer und einer Prise Muskat würzen und bei schwacher Hitze weitere 5 Minuten köcheln.
In kleinen Schälchen servieren.
Beilage: Toastbrot

Warme Suppe zum Kaddisch
Letnia zupa kediszowa

Ein osteuropäisch-jüdisches Rezept

für 6-8 Personen

4½ Tassen Hühnerbrühe
½ Tasse klein gehackte Sauerampferblätter
1 Tasse zerkleinerter Kopfsalat
1 Tasse gehackte grüne Petersilie
½ Glas Kapern
1 klein gehackte Zwiebel
3 Tassen Sahne
1 EL Mehl
1 EL fein gehackter frischer Schnittlauch

◆ Die Brühe zum Kochen bringen. Sauerampfer, Kopfsalat, Petersilie, Kapern, Zwiebel, je 1 TL Pfeffer und Salz zugeben, bei mittlerer Hitze 5 Minuten köcheln. Die Sahne mit Mehl vermischen und unter Rühren langsam zugießen.
Alles in einen zweiten Topf gießen und zum Kochen bringen – die Suppe darf nicht stocken.
Mit Schnittlauch bestreut heiß servieren.

Kaschubische Fischsuppe
Zupa rybna kaszubska

1 kg kleine Fische
1 Bund Suppengrün
1 gehackte Zwiebel
Pimentkörner
1 Lorbeerblatt
500 g Hecht
⅛ l saure Sahne
Zucker

◆ Aus den gesalzenen Fischen, dem zerkleinerten Suppengrün, Zwiebel, Pimentkörnern und Lorbeerblatt eine kräftige Brühe kochen. Durchseihen, erneut zum Kochen bringen und den portionsweise zerteilten Hecht hineinlegen. Zugedeckt bei schwacher Hitze kochen.
Wenn der Fisch gar ist, die Suppe mit Sahne sowie je einer Prise Salz und Zucker abschmecken.
Beilage: Nudeln oder Weißbrot

Biersuppe nach altpolnischer Art
Zupa piwna staropolska

1 l helles Bier
⅛ l saure Sahne
3-4 EL Butter
2 Eigelb
3 EL Zucker
100 g Magerquark

◆ Das Bier aufkochen, die Sahne mit der Butter vermischen und unter Rühren langsam zugeben. Eigelb mit Zucker schaumig schlagen. Einen Teil des heißen Bier-Sahne-Gemischs löffelweise unter ständigem Rühren zugießen, kurz aufkochen. Das restliche Gemisch beifügen, nicht mehr kochen.
Den Quark in einem Tuch ausdrücken, in eine Schüssel bröckeln und mit der heißen Suppe übergießen.
Beilage: in Butter geröstete Weißbrotwürfel

Biersuppe
Zupa piwna

½ l helles Bier
½ Zitrone (abgeriebene Schale)
1 Messerspitze Kardamompulver
3 Eigelb
300 ml Milch
3 EL Zucker
1 EL Mehl

◆ Bier mit Zitronenschale und Kardamom bei schwacher Hitze aufkochen. Eigelb mit Milch, Zucker und Mehl verquirlen. Zum Bier geben, erneut aufkochen und servieren.
Beilage: geröstetes Weißbrot

Weinsuppe
Zupa z wina

1 Flasche Weißwein (trocken)
¼ l Wasser
100 g Rosinen
100 g Mandeln
4 Eigelb
ca. 100 g Puderzucker

◆ Die Mandeln überbrühen, die Schale abziehen und mit der Reibe zerkleinern. Eigelb mit dem Zucker schaumig schlagen. Wasser und Wein mischen, aufkochen und langsam unter Rühren zum schaumig geschlagenen Eigelb dazugeben.
Zum Schluss die Rosinen und Mandeln beifügen.
Beigabe: Gebäck

Rote-Rüben-Extrakt
Kwas burakowy

500 g rote Rüben
1 Scheibe Schwarzbrot

Seit dem 16. Jahrhundert ist Barszcz die bevorzugte polnische Festtagssuppe. Vor allem die zu Weihnachten und Ostern servierten Varianten haben bis heute ihren Stammplatz auf jeder Festtagstafel. Grundlage der Barszcz-Suppen ist ein spezieller Rote-Rüben-Extrakt.

◆ Rote Rüben in dünne Scheiben schneiden, in ein Glasgefäß legen und mit lauwarmem abgekochten Wasser übergießen. Brot zugeben, um das Säuern zu beschleunigen.
Das Gefäß mit Gaze abdecken und an einen warmen Platz stellen. Nach vier oder fünf Tagen den entstandenen Schaum abschöpfen und die Flüssigkeit in Flaschen abfüllen. Dunkel und kühl lagern. Der Extrakt hält sich mehrere Monate.

Weihnachts-Barszcz
Barszcz jarski

4 rote Rüben
1 Bund Suppengrün
10 schwarze Pfefferkörner
2 Pimentkörner
1 Lorbeerblatt
1 gehackte Zwiebel
50 g getrocknete Pilze
½ l Rote-Rüben-Extrakt (Seite 47)
Zucker
1 gehackte Knoblauchzehe

◆ Rote Rüben grob raspeln und mit zerkleinertem Suppengrün, Pfeffer, Pimentkörnern, Lorbeerblatt und Zwiebel in Wasser garen. Die Brühe durchseihen und zur Seite stellen.
Die Pilze mit kochendem Wasser übergießen, dünsten und hacken.
Pilz- und Gemüsebrühe miteinander vermengen, Rote-Rüben-Extrakt beifügen. Das Gemüse hineingeben. Den Barszcz erhitzen, aber nicht mehr kochen, mit je einer Prise Zucker und Salz abschmecken. Vor dem Servieren Knoblauch beifügen.

Variante

◆ Die Gemüse- durch Fleischbrühe ersetzen.

Oster-Barszcz
Barszcz wielkanocny

Rote-Rüben-Blättersuppe
Botwina

300 g Schweinefleisch
4-5 rote Rüben mit Blättern
1 Bund Suppengrün
1 EL Butter
1 TL Mehl
⅛ l saure Sahne
Zucker
Rote-Rüben-Saft oder
-Extrakt (Seite 47)
gehackter frischer Dill
2 hart gekochte Eier

◆ Das Fleisch in Salzwasser etwa eine Stunde kochen.
Rote Rüben und Suppengrün würfeln, beifügen, weiter garen. Die Blätter hacken, in Butter dünsten und zugeben. Mehl und saure Sahne verrühren, in die Suppe geben, aufkochen. Mit Zucker, Salz und etwas Rote-Rüben-Saft abschmecken. Mit reichlich Dill und geviertelten Eiern servieren.

Sommersuppe
Zupa letnia

mehrere Stunden kalt stellen

300 g junge rote Rüben
mit Blättern
Zitronensaft
Zucker
200 ml Sahne
1 l Buttermilch
150 g Gurken
2 hart gekochte Eier
gehackter frischer
Schnittlauch
gehackter frischer Dill

◆ Rote Rüben hacken. Mit den Blättern, etwas Zitronensaft und Zucker in Salzwasser garen. Das Wasser abgießen, rote Rüben und Blätter abkühlen lassen.
Sahne mit Buttermilch verrühren, rote Rüben untermischen. Gurken, Eier und Rübenblätter hacken, beifügen, mit Schnittlauch sowie Dill bestreuen.
Eisgekühlt servieren.

Schlosssuppe
Zupa zamkowa

300 g Rinderknochen
1-2 Bund Suppengrün
200 g Kalbfleisch ohne Knochen
Butter
150 g Champignons
1 gehackte Zwiebel
100 g Nudeln (Sternchen, Röhrchen, Muscheln)
150 g Sahne
3-4 EL geriebener Käse
Curry
Majoran
gehackte frische Petersilie

Eine typisch polnische Suppe, die man im Schloss Wilanów servierte, dem Sommersitz des Königs Jan Sobieski

◆ Knochen und zerkleinertes Suppengrün in 2 l Salzwasser auskochen. Die Brühe durchseihen und zur Seite stellen – sie sollte etwa 1½ Liter ergeben. Das Fleisch hacken oder in einer Küchenmaschine zerkleinern und in Butter anbraten. Die in Scheiben geschnittenen Champignons und die Zwiebel ebenfalls in Butter anbraten. Zum Fleisch geben, etwas Brühe zugießen und dünsten.
Die restliche Brühe und die Nudeln beifügen, unter ständigem Rühren kochen. Mit Sahne und Käse binden, aufkochen, mit Salz, Pfeffer, Curry und Majoran abschmecken. Vor dem Servieren mit Petersilie bestreuen.

Weihnachtsfischsuppe
Zupa rybna gwiazdkowa

40 g getrocknete Pilze
500 g Fisch (Karpfen, Hecht, Zander)
1½ l Gemüsebrühe
2-3 EL Butter
2 EL Mehl
geriebene Muskatnuss

◆ Die Pilze 30 Minuten wässern, anschließend im Einweichwasser garen. Die Brühe zur Seite stellen. Den Fisch in kleine Stücke zerteilen. Mit Gemüse- und Pilzbrühe übergießen, bei schwacher Hitze etwa 30 Minuten kochen.
Butter zerlassen und Mehl unterrühren. Die Brühe damit binden und aufkochen. Gehackte Pilze zugeben, mit Salz, Pfeffer und Muskat abschmecken.
Beilage: Nudelflecke (Seite 119)

Sauermehlsuppe nach Königsart

Zalewajka po królewsku

7-8 Tage ruhen lassen

200 g Rinderknochen
1 Bund Suppengrün
1 gehackte Zwiebel
Butter
500 g Kartoffeln
200 g Räucherschinken
50 g Jagdwurst
1 Brühwürfel
Majoran
½ l Sahne
1 EL Mehl
Majoran
gehackte frische Petersilie

für den Mehlsauer:
250 g Roggenmehl
3 Knoblauchzehen
1 kleine Scheibe Schwarzbrot (Kruste)

Eine der ältesten polnischen Suppen

◆ Für den Mehlsauer das Roggenmehl mit warmem Wasser übergießen. Knoblauch und Schwarzbrotkruste zugeben. Das Gefäß mit Gaze bedecken, zubinden und sieben bis acht Tage an einen warmen Ort stellen.

Dann Knochen und zerkleinertes Suppengrün in 1½ l Salzwasser auskochen. Die Brühe durchseihen – sie sollte etwa 1 Liter ergeben. Die Zwiebel in Butter andünsten.

Die gewürfelten Kartoffeln in der Brühe kochen. Kurz vor Ende der Garzeit die Zwiebel mit dem in Streifen geschnittenen Schinken, den Wurstscheiben und dem Brühwürfel zugeben. Mit dem Mehlsauer und der mit Mehl verrührten Sahne binden, kurz aufkochen. Majoran und Petersilie beifügen, mit Pfeffer und Salz abschmecken.

Sächsische Königssuppe
Zupa dyniowa po sasku

Lieblingsgericht des Sachsenkönigs Friedrich August, Großherzog von Warschau (1807 bis 1815)

3-4 EL Reis
1 l Milch
½ Vanillestange
600 g Kürbisfleisch
100 g Butter
½ l trockener Weißwein

◆ Den Reis in wenig kochendem Salzwasser quellen lassen.
Die Milch aufkochen. Die Vanillestange zerstoßen und einstreuen. Den Reis beifügen und unter Rühren bei schwacher Hitze aufkochen.
Den Kürbis würfeln, mit der Butter zum Wein geben und ebenfalls aufkochen. Mit der Milch mischen und erneut aufkochen.

Eischneesuppe
Zupa »Nic«

¼ l Milch
¼ Vanillestange (Mark)
2 Eier
150 g Zucker

◆ Die Milch mit Vanillemark aufkochen.
Die Eier trennen. Das Eiweiß schaumig schlagen, dabei nach und nach den Zucker beifügen. Den Eischnee auf einem Schaumlöffel oder Sieb über den Milchtopf legen, die Milch aufkochen.
Den Schaum in eine Schüssel geben. Die Milch mit Zucker süßen. Eigelb unterrühren und den Eischnee damit übergießen.
Die Suppe heiß oder kalt servieren.

Mandelsuppe
Zupa migdałowa

3 EL Reis
150 g süße Mandeln
1 l Milch
3-4 EL Rosinen
3-4 EL Zucker
Bittermandelaroma

◆ Den Reis in wenig kochendem Salzwasser quellen lassen.
Die Mandeln mahlen und mit heißer Milch übergießen. Rosinen, Zucker, einige Tropfen Bittermandelaroma und den Reis beifügen, aufkochen.
Heiß als Frühstück servieren.

Milchsuppe mit Nudelteig
Zacierki na mleku

120 g Mehl
1 Ei
1¼ l Milch

Ein beliebtes Frühstück

◆ 100 g Mehl, 100 ml Wasser und das Ei zu einem festen Teig verarbeiten. In kleine Stücke schneiden. Mit dem restlichen Mehl bestreuen, in kochendes Wasser legen, aufkochen.
Die Teigstücke in eine Schüssel geben und vor dem Servieren mit heißer Milch übergießen.

Heidelbeersuppe
Zupa z czarnych jagod

600 g Heidelbeeren
Zimt
2-3 Gewürznelken
150 ml Sahne
1-2 EL Kartoffelmehl
100 g Zucker

Eine typische Sommersuppe

◆ Die Heidelbeeren mit 1½ l kochendem Wasser übergießen. Zimt und Nelken beifügen, aufkochen, leicht abkühlen lassen. Durch ein Sieb streichen und zurück in den Topf geben.
Sahne und Mehl verquirlen, unter die Heidelbeeren mischen, den Zucker beifügen und aufkochen.
Beilage: Nudeln (Sternchen, Muscheln)

Beerensuppe
Zupa jagodowa

mehrere Stunden kalt stellen

250 g Himbeeren oder Brombeeren
100 g Zucker
100 ml süße Sahne
1 l Buttermilch

◆ Die Beeren durch ein Sieb streichen und mit Zucker vermischen. Die mit Sahne verquirlte Buttermilch zugießen, glatt rühren.
Vor dem Servieren kalt stellen.

Salate und Rohkost
Sałaty i Surówki

Gemüsesalat mit Mayonnaise

Sałatka z jarzyn z majonezem

100 g Graupen
1 Bund Suppengrün
4 Kartoffeln
1-2 hart gekochte Eier
1 kleiner Apfel
1-2 Gewürzgurken
50 g marinierte Pilze
250 g Mayonnaise
Zucker
Essig
Senf

zum Garnieren:
Eier in Scheiben
Tomatenscheiben
1 Kopfsalat
1 Bund Petersilie

◆ Graupen und Suppengrün getrennt voneinander garen. Kartoffeln mit Schale kochen, abkühlen lassen und pellen.
Suppengrün, Kartoffeln, Eier, Apfel und Gurken würfeln, mit den gehackten Pilzen vermischen und zu den Graupen geben. 3 bis 4 EL Mayonnaise unterrühren, mit Zucker, Essig, Senf, Pfeffer und Salz abschmecken. Die restliche Mayonnaise darüber verteilen.
Den Salat mit Eier- und Tomatenscheiben sowie Salatblättern und Petersilienstängeln garnieren.

Porreesalat

Sałatka z porów

1-2 Stangen Porree
4 große Kartoffeln
2 hart gekochte Eier
2 Gewürzgurken
125 g Mayonnaise
3-4 EL Kefir oder saure Milch
Senf
Zucker
2 Tomaten
1 Bund Petersilie

◆ Porree in feine Ringe schneiden. Kartoffeln mit Schale kochen, abkühlen lassen und pellen.
Kartoffeln, Eier und Gurken würfeln, mit dem Porree mischen. Mayonnaise und Kefir miteinander verrühren. Die Hälfte unter den Salat mengen, mit Senf, Zucker und Salz abschmecken. Die restliche Mayonnaise-Kefir-Mischung darüber gießen, mit den in Scheiben geschnittenen Tomaten belegen und mit Petersilienstängeln oder gehackter Petersilie garnieren.

Rettich mit Äpfeln
Rzodkiew z jabłkami

200 g Rettich
2 Äpfel
200 g Quark
⅛ l saure Sahne
1 TL gehackter frischer Schnittlauch
1 gehackte Zwiebel

◆ Rettich reiben, salzen und in einer Schüssel zugedeckt stehen lassen, bis sich Saft bildet. Den Saft abgießen. Die geriebenen Äpfel beifügen.
Quark mit Sahne, Schnittlauch und Zwiebel verrühren, über die Mischung geben und servieren.

Rettich mit Zwiebeln
Rzodkiew z cebulą

300 g Rettich
1 gehackte Zwiebel
⅛ l Sahne
2-3 kleine Tomaten
100 g körniger Magerquark

◆ Rettich in feine Scheiben schneiden, Zwiebel beifügen, salzen und Sahne untermischen. Mit den in Scheiben geschnittenen Tomaten belegen, mit Quarkkrümeln bestreuen.

Quark wird körnig, indem man ihn einen Tag in einem Tuch abtropfen lässt.

Variante
Die Zwiebel durch einen geriebenen Apfel ersetzen.

Spargelsalat mit Kartoffeln

Sałatka ze szparagów i ziemniaków

500 g Spargel
Zucker
400 g Kartoffeln
¼ l Sahne
2 EL Mehl
2 Eigelb
2 EL Senf
Essig
1 EL gehackter frischer Schnittlauch

◆ In einem Topf den Spargel mit kochendem Wasser übergießen, Salz und Zucker beifügen, kurz garen. In 2 cm lange Streifen schneiden. Kartoffeln mit Schale kochen, abkühlen lassen, pellen und in Scheiben schneiden.
In einem Topf Sahne und Mehl verrühren, aufkochen. Unter ständigem Rühren mit Eigelb binden. Mit Senf, Essig, Zucker und Salz abschmecken.
Einige Spargelköpfe zur Seite stellen. Den übrigen Spargel und die Kartoffeln mit der Sauce und der Hälfte des Schnittlauchs mischen. Kurz vor dem Servieren den Salat mit dem restlichen Schnittlauch und den Spargelköpfen garnieren.

Tomatenrohkost nach polnischer Art

Surówka z pomidorów po polsku

1 Apfel
Zitronensaft
500 g Tomaten
2 gehackte Zwiebeln
2 EL gehackter frischer Schnittlauch
⅛ l Sahne
Zucker

◆ Den Apfel würfeln und mit Zitronensaft beträufeln. Die Tomaten häuten und ebenfalls würfeln. Mit Apfel und Zwiebeln mischen, Schnittlauch und Sahne beifügen. Mit Zucker, Zitronensaft und Salz abschmecken.

Polnischer Salat
Sałatka polska

am Vortag beginnen

4 Salzheringe
250 g Kartoffeln
250 g Möhren
1 EL Essig
100 g Gewürzgurken
100 g Pilze
2 EL Mayonnaise
5 EL Milch
1 gehackte Knoblauchzehe
geriebene Muskatnuss

◆ Die Salzheringe einen Tag lang wässern. Die Kartoffeln mit Schale kochen, pellen und zugedeckt stehen lassen. Die Möhren in Scheiben schneiden und über Nacht in Essigwasser einlegen. Am nächsten Tag die Heringe häuten, entgräten und in schmale Streifen schneiden. Mit Möhren und gewürfelten Kartoffeln mischen. Die gehackten Gurken und die rohen, zerkleinerten Pilze beifügen.
Mayonnaise mit Milch und Knoblauch verrühren, mit Muskat, Pfeffer und Salz abschmecken. Die Sauce über den Salat gießen.

Schlesischer Kartoffelsalat
Sałatka śląska z ziemniaków

am Vortag beginnen

2 Salzheringe
1 kg Kartoffeln
1 großer säuerlicher Apfel
200 g Gewürzgurken
Essig
Zucker
100 g durchwachsener Speck
1 gehackte Zwiebel

◆ Die Heringe über Nacht wässern. Die Kartoffeln mit Schale kochen, pellen und zugedeckt stehen lassen.
Am nächsten Tag die Heringe häuten, entgräten und in schmale Streifen schneiden. Kartoffeln, Apfel und Gurken würfeln, untermischen. Pfeffern, salzen, mit Essig und Zucker abschmecken.
Speckwürfel auslassen, die Zwiebel darin rösten. Vor dem Servieren beides über den Salat geben.

Warschauer Salat
Sałatka warszawska

am Vortag beginnen

150 g weiße Bohnen
½ Zitrone (Saft)
Senf
Zucker
2 hart gekochte Eier
1 geraspelter Apfel
1 kleine Gewürzgurke
1 gehackte Zwiebel
2 EL saure Sahne

◆ Die Bohnen über Nacht in Wasser einweichen. Am nächsten Tag in Salzwasser kochen. Abtropfen lassen.
Zitronensaft mit Senf verrühren, pfeffern und salzen, eine Prise Zucker beifügen. Die Bohnen damit beträufeln und eine Stunde ziehen lassen.
Gewürfelte Eier, Apfel, gehackte Gurke und Zwiebel unter die Bohnen mischen. Saure Sahne unterrühren.

Rote-Rüben-Salat
Ćwikła

2 Tage ziehen lassen

10 rote Rüben
1 EL Zitronensaft
1 TL Kümmel
geriebener Meerrettich
1 Glas trockener Rotwein

◆ Acht rote Rüben ungeschält im Ofen backen, bis sie weich sind.
Nach dem Abkühlen in Scheiben schneiden, mit Zitronensaft übergießen, mit Kümmel und Meerrettich würzen, gegebenenfalls salzen. In einen Steinguttopf oder ein Einmachglas schichten.
Die restlichen beiden Rüben raspeln. Den Saft ausdrücken, mit Wein mischen und über die Rübenscheiben gießen, so dass der Saft sie bedeckt. An einem kühlen Ort zwei Tage ziehen lassen.

Eignet sich vor allem als Beilage zu Fleischgerichten mit Grütze oder Klößen.

Beilagen
Dodatki

Klöße aus halbrohen Kartoffeln
Kluski z surowych ziemniaków

1 kg Kartoffeln
1 Ei
50 g durchwachsener Speck
1 gehackte Zwiebel

◆ Die Hälfte der Kartoffeln mit Schale kochen. Abkühlen lassen, pellen, stampfen oder in einer Küchenmaschine pürieren.
Die restlichen Kartoffeln schälen, reiben und durch ein Tuch ausdrücken. Den Saft in einen Becher geben und zur Seite stellen. Die sich nach einiger Zeit absetzende Flüssigkeit abgießen, die verbliebene Stärke den ausgedrückten rohen Kartoffeln beifügen.
Gestampfte und geriebene Kartoffeln miteinander vermischen, salzen. Mit dem Ei zu einem Teig kneten, kleine Klöße formen. In kochendes Wasser legen und etwa 6 Minuten garen, bis sie an der Oberfläche schwimmen.
In einer Pfanne Speckwürfel auslassen, die Zwiebel darin rösten und mit dem Fett vor dem Servieren über die Klöße geben.

Variante

◆ Die Klöße ohne Speck servieren.

Klöße nach masurischer Art
Kluski mazowieckie

Schlesische Kartoffelklöße
Kluski śląskie

1 kg Kartoffeln
1-2 Eier
5-6 EL Kartoffelmehl
3 EL Weizenmehl
40 g durchwachsener Speck
Paniermehl

◆ Geschälte Kartoffeln in Salzwasser kochen. Durch ein Sieb streichen oder in einer Küchenmaschine pürieren. Eier, Kartoffelmehl und etwas Salz beifügen. Zu einem Teig kneten und Klöße formen. In Mehl wälzen, flach drücken und in kochendes Wasser legen. Zudecken und garen, bis sie an der Oberfläche schwimmen. Das Kochwasser durchrühren, weitere 2 Minuten kochen. Die Klöße herausnehmen.
In einer Pfanne Speckwürfel auslassen und mit dem Fett über die Klöße geben. Vor dem Servieren mit Paniermehl bestreuen.

Eignet sich als Beilage zu Sauerkraut und Wildgerichten.

Kartoffelfladen
Kopytka

1 kg Kartoffeln
300 g Mehl
2 Eier
3 EL Butter
2 EL Paniermehl
50 g durchwachsener Speck
1 gehackte Zwiebel

◆ Kartoffeln mit Schale kochen. Abkühlen lassen, pellen, stampfen oder in einer Küchenmaschine pürieren.
Kartoffeln, Mehl, Eier und etwas Salz auf einer bemehlten Fläche zu einem Teig verkneten. In drei Teile schneiden, jedes Stück 4 bis 5 cm dick ausrollen und mehrere 3 mal 3 cm große Quadrate formen.
Die Fladen in einen Topf mit kochendem Wasser geben, durchrühren und zudecken. Sobald das Wasser sprudelnd kocht, den Deckel abnehmen. Nach etwa 2 Minuten die Fladen herausnehmen.
Butter zerlassen, Paniermehl unterrühren, Speckwürfel auslassen. Die Zwiebel darin rösten und mit dem Fett vor dem Servieren über die Klöße geben.

Eignet sich als Beilage zu Fleisch- oder Pilzgerichten.

Hefeklöße
Kluski drożdżowe

2-3 Stunden Zubereitungszeit

30 g Hefe
200 ml Milch
500 g Mehl
3 Eier

◆ Die Hefe mit etwas lauwarmer Milch verquirlen. 250 g Mehl zugeben, den Teig durchschlagen und warm stellen, bis er das doppelte Volumen erreicht hat.
Die Eier trennen. Den Hefeteig mit Eigelb, restlicher Milch, dem übrigen Mehl und einer Prise Salz verkneten. Zwei Eiweiß schaumig schlagen und unter den Teig heben.
Den Teig erneut gehen lassen, bis er das doppelte Volumen erreicht hat. Ausrollen, runde Teigstücke ausstechen und diese weitere 30 Minuten gehen lassen.
Über einen Topf mit kochendem Wasser ein Sieb hängen. Die Klöße in etwas Mehl wälzen, in das Sieb legen, bedecken und 8 bis 10 Minuten dämpfen.

Die Klöße als Beilage zu Fleisch und Wild reichen oder als Hauptgericht mit Sahne bzw. Backpflaumen servieren.

Öhrchen
Uszka

150 g Mehl
1 Ei
1 gehackte Zwiebel
2 EL Butter
200 g Hackfleisch von Rind oder Schwein
½ trockenes Brötchen oder 2 EL Paniermehl

Die kleinen Teigtaschen werden als Einlage für viele Suppen verwendet, bevorzugt jedoch in Barszcz.

◆ Mehl, Ei, eine Prise Salz und einige Tropfen Wasser zu einem weichen Teig kneten. Dünn ausrollen und in kleine Quadrate schneiden.
Die Zwiebel in Butter rösten. Das Fleisch mit dem zerriebenen Brötchen und der Zwiebel mischen, pfeffern und salzen.
Die Quadrate jeweils mit etwas Fleischmasse belegen. Je zwei Ecken diagonal übereinander klappen, fest zusammendrücken, zu Ohren formen und in kochendes Salzwasser legen. Garen, bis sie oben schwimmen.

Variante
Die Öhrchen mit Pilzen statt mit Fleisch füllen: 60 g getrocknete und zuvor gewässerte Pilze oder 200 g Champignons hacken und mit Pfeffer und Salz abschmecken. Nach Geschmack gehackte Zwiebel beifügen.

Gebratene Buchweizengrütze
Kasza gryczana pieczona

am Vortag beginnen

2 Tassen geschroteter, ungebrannter Buchweizen
3-4 EL Butter

Grütze ist ein wichtiger Bestandteil der polnischen Küche. Bevor die Kartoffel im 18. Jahrhundert in Polen Einzug hielt, war insbesondere die noch heute servierte Buchweizengrütze die übliche Beilage zu den Hauptgerichten. Obwohl Kartoffeln, Nudeln, Reis im Laufe der Jahrhunderte die Mittagstafel bereicherten, hat die typische, altslawische Beilage, ob gebraten oder geröstet, nichts an ihrer Popularität eingebüßt. Bevorzugt wird eine grobkörnige, gebrannte – das heißt roh geröstete – Grütze von dunkler Färbung und intensivem Geschmack. Fein gemahlener Buchweizen wird seltener verwendet.

◆ Buchweizen bei schwacher Hitze in wenig Wasser garen, bis das Wasser verkocht ist. Etwas Butter zugeben und im vorgeheizten Ofen bei mittlerer Hitze etwa 45 Minuten backen.
Mit einem breiten Messer die Grütze auf einem mit Wasser befeuchteten Backblech gleichmäßig verteilen und kalt stellen.
Am nächsten Tag in Würfel schneiden und in Butter braten.

Ungebrannt bedeutet roh geschroteter oder gemahlener Buchweizen.

Geröstete Buchweizengrütze
Kasza gryczana piekana

3-4 EL Schweineschmalz
250 g geschroteter, gebrannter Buchweizen

◆ In einem flachen Topf Schmalz erhitzen und den Buchweizen unter Rühren darin rösten, bis die Körner leicht angebräunt sind und das Schmalz aufgenommen haben. Mit ¼ l kochendem Wasser übergießen und bei schwacher Hitze zugedeckt quellen lassen.
Ist das Wasser aufgesogen, den Topf in den vorgeheizten Ofen stellen und die Grütze bei mittlerer Hitze etwa 45 Minuten backen – sie sollte eine lockere Konsistenz annehmen.

Krakauer Grütze mit Sahne
Kasza krakowska ze śmietaną

200 g gemahlener Buchweizen
½ l Sahne
120 g Zucker
1 Glas Rum
Butter
Vanillezucker
Konfitüre

◆ Buchweizen und Sahne miteinander mischen und 30 Minuten quellen lassen. Zucker, Rum und etwas Butter unterrühren. Die Masse in eine feuerfeste Form geben und im vorgeheizten Ofen etwa 45 Minuten backen.
Mit Vanillezucker bestreuen, mit Konfitüre garnieren und warm servieren.

Reis nach masurischer Art
Ryż po mazowiecku

250 g Backpflaumen
Zitronensaft
250 g Reis
1 EL Butter
Paniermehl
250 g Räucherspeck
80 g geriebener Käse

◆ Die Pflaumen 30 Minuten einweichen, entsteinen, in wenig Wasser dünsten und mit Zitronensaft beträufeln. Den Reis mit ½ l kochendem Wasser überbrühen, durchrühren, zudecken und bei schwacher Hitze 15 Minuten garen.
Eine feuerfeste Form mit Butter ausstreichen und mit Paniermehl bestreuen. Den gegarten Reis abwechselnd mit Speckscheiben und Pflaumen hineingeben. Die Oberfläche glätten, den Reis mit Käse bestreuen. Im vorgeheizten Ofen etwa 15 Minuten überbacken.

Wilanów-Kroketten

Krokiety po wilanowsku

800 g Kartoffeln
1 gehackte Zwiebel
Butter
100 g eingelegte
Paprikaschoten
2 Eier
100 gehackte Walnüsse
Majoran
Paniermehl
100 g geriebener Käse

Wilanów war die Sommerresidenz des Königs Jan III. Sobieski (1674-1696). Das Schloss, das sich am südlichen Stadtrand von Warschau befindet, gehört heute zu den bedeutendsten Kulturdenkmälern Polens.

◆ Geschälte Kartoffeln in Salzwasser kochen. Durch ein Sieb streichen oder in einer Küchenmaschine pürieren.
Die Zwiebel in etwas Butter anbraten. Mit der Kartoffelmasse, den in Streifen geschnittenen Paprika, einem Ei und den Nüssen mischen. Je eine Prise Salz und Majoran befügen, durchkneten. Aus der Masse Rollen von 3 cm Durchmesser formen, diese in Stücke von 8 bis 10 cm Länge schneiden.
Das zweite Ei mit Paniermehl verrühren, die Kartoffelröllchen darin wälzen. In Butter von allen Seiten gut anbraten und zugedeckt bei schwacher Hitze weitere 5 bis 10 Minuten schmoren.
Vor dem Servieren mit Käse bestreuen.

Kugiel

für 6 Personen

1 Tasse Perlgraupen
250 g getrocknete Pilze
2 klein gehackte Zwiebeln
2 hart gekochte Eier
2 TL Butter

Kugiel wird traditionell am Sabbat oder an jüdischen Feiertagen gereicht – als Beilage zu Hauptgerichten oder als süßes Dessert. Als Gemüsebeilage wurde Kugiel bereits im Mittelalter serviert und galt als Zeichen einer guten Gemüseernte im kommenden Jahr.

◆ 4 Tassen Wasser zum Kochen bringen. Nach und nach die Graupen zugeben, erneut aufkochen, 2 TL Salz zugeben und den Topf bedecken. Die Graupen bei schwacher Hitze etwa 45 Minuten weich kochen. In eine Schüssel geben.
Die gewässerten Pilze mit den Zwiebeln anbraten und zu den Graupen geben. Mit den klein gehackten Eiern und ¼ TL Pfeffer untermischen.
In einer gefetteten Form im Ofen bei 180° C etwa 40 Minuten backen.

Kugiel wird anstelle von Kartoffeln zu Fleisch- oder Geflügelgerichten serviert.

Saucen
Sosy

Polnische Sauce
Sos polski

1 gehackte Zwiebel
2 EL Butter
2-3 EL Mehl
¼ l sehr kräftige Gemüse-, Fleisch- oder Fischbrühe
1 Scheibe Rührkuchen
Zucker
1 Glas Rotwein
Zitronensaft
2-3 EL Rosinen
2-3 EL gehackte Mandeln

◆ Die Zwiebel in Butter anbraten. Mehl unterrühren und andünsten. Die Brühe unter ständigem Rühren zugießen. Den Kuchen zerbröckeln, nach und nach einstreuen. Kochen, bis er sich aufgelöst hat.
1 EL Zucker karamellisieren: erhitzen, bis er eine bräunliche Färbung annimmt, Wasser zugießen und zugedeckt aufkochen.
Die Sauce durchseihen, Wein zugießen. Mit Zucker, Salz und Zitronensaft abschmecken. Karamellisierten Zucker, Rosinen und Mandeln beifügen. Falls nötig, mit Zucker und Zitronensaft süßsauer nachwürzen.
Zu Fisch, Zunge oder Pute servieren.

Pilzsauce
Sos grzybowy

20-30 g getrocknete Pilze
1 EL Mehl
⅛ l Sahne
2-3 EL Butter

◆ Die Pilze einige Stunden in warmem Wasser einweichen, anschließend im Einweichwasser garen. Ein Viertel der Brühe abschöpfen, mit Mehl verrühren und wieder den Pilzen zugeben. Salzen und aufkochen.
Mit Sahne und Butter verfeinern, eine Prise Pfeffer beifügen.
Zu Wild, Nudeln oder Gemüse servieren.

Dill-Sahnesauce
Sos koperkowy ze śmietaną

½ l Fleisch- oder Gemüsebrühe
1 EL Mehl
⅛ l Sahne
2-3 EL gehackter frischer Dill
Zitronensaft
1 gehackte Zwiebel
2 EL Butter

◆ Die Brühe unter Rühren mit Mehl binden, salzen und aufkochen. Sahne und Dill unterrühren, mit Zitronensaft abschmecken. Die Zwiebel in Butter glasig andünsten und zugeben.
Zu gekochten Rindfleisch- und Geflügelgerichten reichen.

Variante
Statt Dill frischen Schnittlauch verwenden.

Sauce nach altpolnischer Art
Sos staropolski

3-4 EL Butter
2 EL Mehl
350 ml Geflügelbrühe
1-2 gewürfelte Tomaten
50 ml Sahne
3-4 EL geriebener Meerrettich
1 Bund Petersilie
Zucker
1 Zitrone (Saft)

◆ Butter zerlassen, Mehl unterrühren und andünsten. Unter ständigem Rühren die Brühe zugießen und zum Kochen bringen. Bei schwacher Hitze etwa 10 Minuten kochen.
Tomaten, Sahne und Meerrettich beifügen, gehackte Petersilie untermischen. Mit Salz, Pfeffer, Zucker und Zitronensaft abschmecken.
Eignet sich besonders zu Geflügelgerichten.

Eier-Sahnesauce
Sos ze śmietany z jajami na twardo

mehrere Stunden kalt stellen

2 hart gekochte Eier
¼ l Sahne
Zucker
1 Zitrone (Saft)

◆ Die gehackten Eier mit der Sahne vermischen. Mit Zucker, Salz sowie Zitronensaft abschmecken und kalt stellen.
Die kalte Sauce zu Vorspeisen servieren, etwa Fleischplatten.

Tatarensauce
Sos tatarski

4 Eier
2 EL Senf
⅛ l Pflanzenöl
40 g marinierte Pilze
3-4 Gewürzgurken
1 EL geriebener Meerrettich
⅛ l saure Sahne
Zucker
Zitronensaft

◆ Zwei Eier hart kochen. Die Eier trennen, die gekochten und die rohen Eigelbe mit Senf verrühren. Löffelweise Öl zugeben und mit dem Schneebesen unterrühren. Gehackte Pilze und Gurken, gekochte Eiweiß und Meerrettich beifügen. Saure Sahne untermischen, mit Salz, Zucker und Zitronensaft abschmecken.
Zu kaltem Braten oder Fisch reichen.

Kaschubische Sauce
Sos kaszubski

5-6 Radieschen
1 hart gekochtes Ei
50 g Heringsfilet
300 g Mayonnaise
1-2 EL Sahne
1 Bund Schnittlauch
1 Brühwürfel

◆ Radieschen raspeln, Ei und Hering fein hacken. Mit Mayonnaise, Sahne und gehacktem Schnittlauch mischen, pfeffern und salzen. Den Brühwürfel in wenig Wasser auflösen und die Sauce damit abschmecken.
Kalt zu Gurken oder gefüllten Tomaten servieren.

Preiselbeersauce
Borówki do mięsa

350 g Birnen
300 g Zucker
1 kg Preiselbeeren

◆ Die Birnen würfeln.
Den Zucker mit ⅛ l Wasser aufkochen. Preiselbeeren zugeben und bei schwacher Hitze 15 Minuten kochen.
Birnen zufügen und 30 Minuten weiterkochen, bis das Obst sich aufgelöst hat.
In Steingutgefäße füllen, im vorgeheizten Ofen kurz nachwärmen. Abkühlen lassen, die Gefäße mit Pergamentpapier verschließen. Trocken und kühl lagern.
Eignet sich als Beilage zu Wildgerichten mit Klößen.

Variante
Die Birnen durch Äpfel ersetzen.

Wawel-Sauce
Sos »Wawel«

50 g marinierte Pilze
1 gehackte Zwiebel
300 g Mayonnaise
3-4 EL Sahne
60-80 g Schafskäse
gehackte frische Petersilie

Benannt nach dem Krakauer Königsschloss und der Residenz polnischer Monarchen vom 13. bis zum Ende des 16. Jahrhunderts. Der Krakauer Wawel ist heute eines der bekanntesten Wahrzeichen Polens.

◆ Die Pilze hacken, Zwiebel, Mayonnaise und Sahne unterrühren, pfeffern und salzen. Mit geriebenem Schafskäse und Petersilie garnieren.
Kalt zu Wild, Geflügel und Braten reichen.

Gemüse
Potrawy jarskie

»… ist eine köstliche Speise Bigos, weil er aus guten Gemüsen kunstvoll gekocht ist. Dazu braucht man vor allem Sauerkraut, sorgsam gehacktes … Fest verschlossen im Kessel, bedeckt wie ein Schoß voller Säfte. Beste gewürfelte Stückchen auserlesenen Fleisches, brotzelt es, bis das Feuer die wertvollen Säfte herausholt, bis an den Rand des Gefäßes der saftige Sud schon herausspritzt und die Luft ringsherum von köstlichem Duft ganz erfüllt ist. Schon ist der Bigos fertig.«
Adam Mickiewicz im polnischen Nationalepos »Pan Tadeusz«

Pflanzliche Kost war in den Gebieten Polens schon immer die Hauptnahrung. Aber erst seit dem 16. Jahrhundert, als die polnisch-französischen Beziehungen sich durch Verheiratung verstärkten, wurde die Auswahl der Gemüsesorten reichhaltiger. Neben Kohl, Erbsen und Bohnen gelangten Blumenkohl, Spargel und Sellerie zu immer größerem Einfluss. Die persönliche Geschmacksnote der polnischen Gemüsegerichte zeichnet sich durch die Zugabe von saurer Sahne aus, eine Zutat, ohne die die polnische Küche nicht denkbar wäre.

Bigos I

3 Stunden Zubereitungszeit

400 g Weißkohl
400 g Sauerkraut
10 g getrocknete Pilze
1 Lorbeerblatt
1 gehackte Zwiebel
2-3 Pimentkörner
200 g Schweinefleisch ohne Knochen
200 g Kalbfleisch ohne Knochen
250 g Knoblauchwurst
150 g Speck (davon 100 g durchwachsen)
4-5 Backpflaumen oder 2-3 TL Pflaumenmus
1 TL Mehl
1 TL Tomatenmark
3-4 EL Schmalz
Zucker
saure Sahne

Bigos ist seit Jahrhunderten eines der typischen Gerichte Polens, wenn nicht gar das Nationalgericht. Von keinem König, keinem Fürsten wurde es je verschmäht und hohe Herren liebten ihn nach der Jagd. Jeder Haushalt, ob in Kaschubien, Masowien oder beim Bergvolk der Goralen, hütete »sein« Rezept. Bis heute existieren zahlreiche individuelle Variationen des beliebten, herzhaften Gerichts, von denen einige hier vorgestellt werden.
Bigos wird mehrere Tage vor dem Servieren gekocht und, bevor er heiß auf den Tisch kommt, mehrmals aufgewärmt.

◆ Den Kohl hobeln. Mit Sauerkraut, Pilzen, Lorbeerblatt, Zwiebel und Pimentkörnern schmoren. Das Fleisch in etwa 4 cm große Würfel schneiden und anbraten. Mit dem Kohl mischen und unter ständigem Rühren kochen. Falls nötig, Wasser zugießen, jedoch möglichst wenig.
Wurst und Speck würfeln, mit den Backpflaumen zugeben. Weiterkochen, dabei ständig rühren. Mehl und Tomatenmark in Schmalz anbraten, salzen und dem Bigos beifügen. Mit Salz, Pfeffer und Zucker abschmecken.
Kalt stellen und vor dem Servieren erhitzen. Mit einem Teelöffel saurer Sahne garnieren.

Varianten
◆ Mit ⅛ l Rotwein oder einer gehackten Knoblauchzehe verfeinern.
◆ Statt Kalb- und Schweinefleisch Hackfleisch verwenden.

Bigos II

3 Stunden Zubereitungszeit

100 g junge grüne Bohnen
800 g Sauerkraut
200 g durchwachsener Speck
1 gehackte Zwiebel
1-2 EL Butter
1-2 EL Mehl
8-10 gehackte Backpflaumen
100 g Knoblauchwurst
100 ml Sahne
Majoran

◆ Bohnen in Wasser aufkochen. Etwa zwei Stunden kühl stellen, anschließend im Einweichwasser garen. Abtropfen lassen und zur Seite stellen.
Die Flüssigkeit aus dem Sauerkraut ausdrücken. Den Speck würfeln, zum Kraut geben, kochendes Wasser darüber gießen und aufkochen. Kurz den Deckel abnehmen, erneut auflegen und alles bei schwacher Hitze etwa eine Stunde kochen.
Die Zwiebel in Butter glasig anbraten. Mehl unterrühren und andünsten, zum Kraut geben. Pflaumen, Bohnen sowie Wurst beifügen, Sahne unterrühren. Kurz dünsten, mit Majoran, Pfeffer und Salz abschmecken.
Kalt stellen und vor dem Servieren gut aufwärmen.

Gedünsteter Kohl mit Äpfeln
Kapusta z jabłkami zasmażana

1 kg Weißkohl
1 EL getrockneter Dill
3 saure Äpfel
1 gehackte Zwiebel
3-4 EL Butter
1 EL Mehl
Zucker

◆ Den Kohl hobeln, in wenig leicht gesalzenem Wasser mit Dill dünsten. Wenn der Kohl gar ist, gewürfelte Äpfel beifügen, kurz weiterdünsten.
Die Zwiebel in Butter glasig anbraten. Mehl unterrühren und andünsten. Etwas kaltes Wasser unterrühren. Zum Kohl geben, aufkochen und mit Zucker abschmecken.

Fastenkohl
Kapusta postna

1 kleiner Weißkohl
¼ l Rote-Rüben-Extrakt (Seite 47)
20 g getrocknete Pilze
2-3 EL Butter
⅛ l saure Sahne
2 EL Mehl
Zucker

Dies Gericht wird vorwiegend am Heiligabend oder während der Fastenzeit zwischen Fastnacht und Ostern gegessen.

◆ Den Kohl hobeln, überbrühen und ausdrücken. Mit dem Rote-Rüben-Extrakt übergießen, eine Prise Salz beifügen und etwa 30 Minuten dünsten. Die Pilze zwischen zwei Fingern zerreiben. Mit Butter, saurer Sahne, Mehl und Zucker unter den Kohl mischen und alles bei schwacher Hitze eine weitere Stunde dünsten.
Mit Pfeffer und Salz abschmecken.

Kohlrouladen nach polnischer Art
Gołąbki po polsku

1 Weißkohl
20 g getrocknete Pilze
1 Bund Suppengrün
90 g geschroteter Buchweizen
1 Ei
4 EL Butter
2 gehackte Zwiebeln
¼ l Pilzbrühe
1 EL Mehl
⅛ l Fleischbrühe aus Knochen
⅛ l saure Sahne

◆ Die Blätter vom Kohl abtrennen, in kochendes Salzwasser legen, aufkochen. Abtropfen lassen.
Die Pilze kurz wässern. Das zerkleinerte Suppengrün garen und zur Seite stellen. Buchweizen und Ei miteinander verrühren, in 2 EL Butter dünsten – die Masse soll dabei eine körnige Konsistenz behalten.
Eine Zwiebel in 1 EL Butter anbraten, die Hälfte der gehackten Pilze beifügen, mit Pfeffer und Salz abschmecken. Den Buchweizen untermischen. Die Masse auf die Kohlblätter verteilen, diese einzeln zusammenrollen und -binden. Die Rouladen in eine Kasserolle legen, mit Pilzbrühe übergießen und bei schwacher Hitze etwa eine Stunde dünsten. Mehrmals Flüssigkeit nachgießen.
Für die Sauce die übrigen Pilze hacken und in wenig Wasser dünsten. Die andere Zwiebel in der restlichen Butter glasig anbraten. Mehl unterrühren und andünsten. Etwas Pilz- und Knochenbrühe sowie Suppengrün und Pilze zugeben, mit Pfeffer und Salz abschmecken. Die saure Sahne unterrühren.
Die Rouladen mit der Pilzsauce auftragen.

Gedünstete rote Rüben
Buraki zasmażane

2 Stunden Zubereitungszeit

3-4 kleine rote Rüben
1 EL Butter
1 EL Mehl
Zucker
2 saure Äpfel
Zitronensaft
⅛ l saure Sahne

◆ Die ungeschälten roten Rüben etwa anderthalb Stunden garen. Herausnehmen und würfeln, die Brühe zur Seite stellen.
Butter zerlassen, Mehl unterrühren und andünsten. Etwas Brühe zugießen, mit Salz und Zucker abschmecken. Die Rüben beifügen.
Die gewürfelten Äpfel und etwas Zitronensaft zugeben. Vor dem Servieren saure Sahne unterrühren.

Möhren mit Honig
Marchewka z miodem

für 6 Personen

3 EL Butter
4 Tassen in Scheiben geschnittene Möhren
3 TL Orangensaft
½ TL Salz
¼ TL Ingwer
4 EL Honig

Ein osteuropäisch-jüdisches Rezept

◆ Alle Zutaten in einer Kasserolle mischen. Unter ständigem Rühren bei schwacher Hitze etwa 25 Minuten dünsten.
In Schüsselchen servieren.

▲ Zubereitung der Rote-Rüben-Suppe (S. 48), eine der bekanntesten und beliebtesten Suppen.

▲ Alle Generationen der Familie versammeln sich zum Mittagsmahl:
Vor dem Hauptgericht wird die obligatorische Rote-Rüben-Suppe gereicht.

▲ Vorspeise, die noch vor der Suppe serviert wird: Kalbsfleisch in Gelee, Hering in Zwiebeln eingelegt, frisches selbst gebackenes Brot.

◄ Bigos – der Eintopf aus Sauerkraut, Weißkohl und verschiedenen Wurstsorten (S. 77 und 78) gilt bereits seit dem Mittelalter als das »heimliche« Nationalgericht.

Bohnen nach altpolnischer Art
Fasola po staropolsku

200 g weiße Bohnen
80 g durchwachsener Speck
3-4 Backpflaumen
1 gehackte Zwiebel
1 EL Butter
1 EL Mehl
⅛ l Fleisch- oder
Gemüsebrühe
1 EL Rosinen
2 TL Honig

◆ Die Bohnen kurz einweichen, dann gar kochen. Speck und Pflaumen in Streifen schneiden, die Pflaumen überbrühen. Speck auslassen und die Zwiebel darin anbraten.
Butter zerlassen, Mehl unterrühren und andünsten. Brühe zugießen und aufkochen. Pflaumen, Speck, Zwiebel, Rosinen und Honig zugeben, mit Pfeffer und Salz abschmecken.
Die Sauce zu den Bohnen geben und weitere 10 Minuten dünsten.

Kartoffelauflauf mit Eiern und Pilzen
Ziemniaki zapiekane z jajami i grzybami

1 kg Kartoffeln
250 g frische Pilze
1 gehackte Zwiebel
2 EL Butter
2 hart gekochte Eier
2 EL Paniermehl
⅛ l saure Sahne

◆ Kartoffeln mit Schale kochen, pellen und in Scheiben schneiden. Pilze in wenig Wasser dünsten, hacken, die Brühe zur Seite stellen. Die Zwiebel in etwas Butter anbraten. Die Eier in Scheiben schneiden.
Eine feuerfeste Form mit Butter ausstreichen und mit Paniermehl bestreuen. Abwechselnd Kartoffeln, Zwiebel, Pilze und Eier in zwei bis drei Lagen hineinschichten, nach jeder Schicht pfeffern und salzen.
Pilzbrühe und saure Sahne miteinander vermischen, über den Auflauf gießen. Im vorgeheizten Ofen 15 bis 20 Minuten überbacken. Abkühlen lassen und vor dem Servieren stürzen.
Beilagen: Salat, Rohkost

Variante
Die frischen durch 30 g getrocknete Pilze ersetzen; diese eine Stunde wässern.

Gefüllte Möhren
Marchew nadziewana

4 große Möhren
250 g Hackfleisch von Rind oder Schwein
1 gehackte Zwiebel
2-3 EL Butter

◆ Möhren längs halbieren, aushöhlen und in Salzwasser garen. Abtropfen und abkühlen lassen, Hackfleisch mit Pfeffer und Salz würzen. Die Zwiebel in etwas Butter andünsten. Das Fleisch zugeben und anbraten.
Die Fleischmasse in die ausgehöhlten Möhrenhälften füllen. Die Möhren in eine mit Butter ausgestrichene feuerfeste Form legen und im Ofen 20 bis 30 Minuten backen.

Geschmorte Gurken
Ogórki duszone

1 kg Gurken
2 EL Butter
30 g durchwachsener Speck
⅛ l saure Sahne
1 EL Mehl
Zucker
Zitronensaft
1 EL gehackter frischer Dill

◆ Gurken entkernen, würfeln und salzen.
Butter zerlassen und gewürfelten Speck anbraten. Gurken zufügen und bei schwacher Hitze etwa 10 Minuten schmoren. Saure Sahne mit Mehl verrühren und zugeben, weitere 5 Minuten kochen. Mit Zucker und Zitronensaft abschmecken. Vor dem Servieren mit Dill bestreuen.
Eignet sich besonders zu Hackfleischgerichten.

Kürbis mit Tomaten und Sahne
Dynia z pomidorami i ze śmietaną

250 g Tomaten oder 5-6 EL Tomatenmark
2 EL Butter
800 g Kürbisfleisch
3 EL Mehl
Zucker
⅛ l saure Sahne
1 Bund Petersilie

◆ Tomaten vierteln, mit Butter in ⅛ l kochendes Wasser geben und 10 Minuten zugedeckt ziehen lassen.
Kürbis würfeln, ebenfalls in ⅛ l kochendes Wasser legen und unter ständigem Rühren etwa 10 Minuten kochen. Salzen und zu den Tomaten oder dem Tomatenmark geben. Mehl und eine Prise Zucker unterrühren, aufkochen. Saure Sahne beifügen.
Vor dem Servieren mit Petersilienstängeln oder gehackter Petersilie garnieren.

Pilze nach polnischer Art
Grzyby po polsku

für 3-4 Personen

1 kg gemischte Waldpilze (Stein- und Butterpilze, Maronen, Pfifferlinge)
1 gehackte Zwiebel
2 EL Butter
Kümmel
Majoran
⅛ l saure Sahne
1-2 EL gehackter frischer Dill

Der Stolz polnischer Kochkunst sind die Pilze. Tatsächlich findet man in den Wäldern unendlich viele Arten, wobei der polnische Champignon internationale Berühmtheit erlangt hat.
Auf kreative und unterschiedliche Art weiß man in Polen seit Jahrhunderten ihr Aroma zu schätzen. Bereits ein einziger getrockneter Pilz »rettet« eine fade Suppe oder Sauce. Ihren kulinarischen Erfolg rühmten schon im Mittelalter Küchenmeister der besten europäischen Häuser, die an polnischen Festtafeln zu Gast waren.

◆ Die Pilze in Scheiben schneiden. Mit der Zwiebel in Butter anbraten. Mit Salz, Pfeffer, Kümmel und Majoran würzen, dünsten. Mit saurer Sahne und Dill verfeinern.
Eignet sich zu Hackfleischgerichten, Kotelett oder Schnitzel.

Getrocknete Pilze nach altpolnischer Art
Suszone grzyby po staropolsku

am Vortag beginnen
für 2 Personen

200 g getrocknete Steinpilze
¼ l Milch
1 gehackte Zwiebel
3-4 EL Butter
2 EL Mehl
⅛ l saure Sahne
½ Zitrone (Saft)
gehackte frische Petersilie

◆ Die Pilze entstielen, mit kalter Milch bedecken und über Nacht einweichen.
Am nächsten Tag etwas Wasser zugeben und die Pilze bei schwacher Hitze garen. Abtropfen lassen und in Streifen schneiden.
Die Zwiebel in Butter anbraten. Mehl unterrühren und andünsten. Die übrige Milch und saure Sahne zugießen, aufkochen. Pilze beifügen, mit Pfeffer und Salz abschmecken, bei schwacher Hitze unter Rühren etwa 10 Minuten kochen.
Vor dem Servieren mit Zitronensaft abschmecken und mit Petersilie bestreuen.
Als Fastenspeise oder Beilage reichen.

Pilze mit Spiegelei
Jajka sadzone z grzybami

1 gehackte Zwiebel
Butter
500 g gemischte Pilze
100 ml saure Sahne
8 Eier
100 g geriebener Käse

◆ Zwiebel in Butter anbraten. Die gewürfelten Pilze beifügen und dünsten. Kurz vor Ende der Garzeit saure Sahne unterrühren, mit Pfeffer und Salz abschmecken.
Die Mischung in eine feuerfeste Form geben. Die Eier einzeln darüber schlagen, mit Käse, Pfeffer und Salz bestreuen und im vorgeheizten Ofen backen, bis das Eiweiß stockt.
Auf einer Platte anrichten.

Pilzcreme
Pasta z pieczarek

2-3 Stunden kalt stellen
für 6 Personen

3-4 EL Öl
700 g klein geschnittene Mischpilze
½ Tasse gehackte Zwiebeln
1 hart gekochtes Ei

Ein osteuropäisch-jüdisches Rezept

◆ In einer Pfanne Öl erhitzen, Pilze und Zwiebeln bei mittlerer Hitze 10 Minuten darin braten.
Das Öl durch ein Sieb abgießen und auffangen. Pilze, Zwiebeln und Ei fein hacken, mit dem Öl pürieren. Mit Salz und ¼ Pfeffer würzen, alles in ein Gefäß geben und zwei bis drei Stunden kalt stellen.

Die Pilzcreme wird mit frischem Brot oder auf Toast serviert.

Marinierte Pilze
Grzyby marynowane

1 Woche ziehen lassen

1 kg Mischpilze (Stein-, Butterpilze, Reizker, Hallimasch, Birkenpilze), möglichst klein
1-2 gehackte Zwiebeln
Essig (5 Prozent)
3-4 Pimentkörner
2-3 Lorbeerblätter

◆ Jede Pilzsorte wird getrennt mariniert. Die Pilze säubern, größere halbieren oder vierteln, den Stiel abschneiden. Die Pilze sorgfältig abspülen und in wenig leicht gesalzenes Wasser legen.
Mit den Zwiebeln dünsten. Die Pilze herausnehmen, von den Zwiebeln trennen und in einem Glasgefäß abkühlen lassen. Den Essig aufkochen, abkühlen lassen, die Gewürze beifügen. Die Pilze in den Essig legen und 24 Stunden kalt stellen.
In Gläser umfüllen und gut verschließen.

Fleisch- und Wildgerichte
Potrawy z mięsa i dziczyzny

Die natürlichen Bedingungen in Polen – riesige Wälder, in denen es nicht nur Beeren und Pilze zu sammeln gab, sondern auch die verschiedensten Tiere lebten – boten die beste Grundlage dafür, schmackhafte Fleisch- und Wildspeisen aufzutischen. So war es nur folgerichtig, dass die Polen aller Bevölkerungsschichten Fleisch und Wild fantasiereich zubereiteten und, je nach Stand und Region, mit der ihnen eigenen Kreativität ihre Gäste in Erstaunen und Entzücken versetzten. Die Tradition, Fleisch auf vielfältige Weise zuzubereiten, hat sich in Polen erhalten, und da der Pole einem festlichen Essen nach altpolnischer Art noch immer seine besondere Aufmerksamkeit schenkt, weht an einer prächtig gedeckten Tafel mit schmackhaftem Braten oft ein Hauch Mittelalter…

Husarenbraten
Pieczeń huzarska

3 Stunden Zubereitungszeit
für 4-5 Personen

1 kg Rindfleisch ohne Knochen
70 g Butter
2-3 EL Paniermehl
1 gehackte Zwiebel
2-3 EL Mehl

Der Husarenbraten war in der altpolnischen Küche der Höhepunkt eines Festmahls.

◆ Das Fleisch pfeffern, salzen und von allen Seiten in Butter anbraten. ⅛ l Wasser zugießen und den Braten etwa zwei Stunden schmoren, dabei regelmäßig mit Bratensaft übergießen und, falls nötig, Wasser zugeben.
Paniermehl mit Zwiebel und 3 EL Butter verrühren, pfeffern.
Den Braten leicht abkühlen lassen und quer zur Faser in sehr dicke Scheiben schneiden. Diese wiederum einschneiden, so dass Taschen entstehen. Paniermehlmasse hineingeben, die Hälften fest zusammendrücken. Die gefüllten Bratenscheiben in den Topf zurücklegen, mit Bratensaft übergießen und weitere 20 Minuten schmoren.
Kurz vor dem Servieren die Sauce mit Mehl binden. Den Braten auf einer Platte anrichten und mit Sauce begießen.
Beilagen: Sauerkraut, Kartoffelpüree

Variante

Husarenbraten nach Warschauer Art
Pieczeń huzarska po warszawsku

◆ Die Füllung durch geriebenen Meerrettich und zwei bis drei gehackte, angebratene Champignons ergänzen.

Kalbsbrust nach polnischer Art
Mostek cielęcy po polsku

2 Stunden Zubereitungszeit
für 4-6 Personen

1 kg Kalbsbrust
1 altbackenes Brötchen
⅛ l Milch
2 Eiweiß
1 EL gehackte frische Petersilie
1 EL gehackter frischer Dill
geriebene Muskatnuss
Paniermehl
2 EL Butter

◆ Die Kalbsbrust aufschneiden, die Rippen auslösen und die Muskelschichten so trennen, dass eine Tasche entsteht. Diese mit der Hand dehnen, das Fleisch innen und außen salzen. Das Brötchen in Milch einweichen. Eiweiß schaumig schlagen. Petersilie, Dill, Muskat, Salz, Pfeffer, Eischnee und etwas Paniermehl mit dem Brötchen verkneten. Das Fleisch mit dieser Masse füllen und mit Küchengarn zunähen.
In einem Schmortopf Butter zerlassen und das Fleisch hineinlegen. Etwas Wasser zugießen und im vorgeheizten Ofen anderthalb Stunden schmoren, dabei mehrmals mit Bratensaft übergießen.
Vor dem Servieren das Garn entfernen. Den Braten in Scheiben schneiden, auf einer Platte anrichten und mit Bratensaft übergießen.
Beilagen: Gurkensalat, Kartoffelpüree

Hackbraten nach polnischer Art
Pieczeń rzymska po polsku

2 Stunden Zubereitungszeit
für 4-6 Personen

1 gehackte Zwiebel
Butter
¼ Brötchen
½ Tasse Milch
3 Eier
400-500 g Hackfleisch vom Rind
200-300 g Hackfleisch vom Schwein
100 g Paniermehl
1-2 EL Mehl

◆ Die Zwiebel in Butter anbraten. Das Brötchen in Milch einweichen und ausdrücken. Zwei Eier hart kochen und halbieren.
Fleisch, Brötchen und Zwiebel gut miteinander vermischen. Das dritte Ei beifügen, mit Pfeffer und Salz abschmecken, durchkneten.
Die Fleischmasse auf einer angefeuchteten Fläche ausrollen und zu einem Rechteck von etwa 25 mal 12 cm Größe formen, die Eihälften darauf legen. Die Masse zusammenrollen, so dass die Eier in der Mitte stecken, und in Paniermehl wälzen.
In einem Schmortopf etwas Butter zerlassen, die Rolle hineinlegen und im vorgeheizten Ofen etwa anderthalb Stunden braten, dabei mehrmals Wasser nachgießen.
Den Hackbraten aus dem Topf nehmen, in dicke Scheiben schneiden und auf einer Platte anrichten. Den Bratensaft mit Mehl binden und über das Fleisch gießen.

Varianten

Hackbraten nach altpolnischer Art
Klops staropolski

◆ Die Fleischmasse aus Hackfleisch, einem Ei, Salz, Pfeffer und Paniermehl kneten. Aus 1 Tasse gerösteter Buchweizengrütze (Seite 66) und gehacktem Räucherspeck eine Füllung zubereiten.

Braten auf Białostocker Art
Klops Białostocki

◆ Für die Füllung 200 g gestampfte Kartoffeln, angebratene Zwiebeln und Speckwürfel verwenden.

Schweinerippchen nach altpolnischer Art
Żeberka wieprzowe staropolskie

am Vortag beginnen
für 4-6 Personen

10-12 Backpflaumen
1 kg Schweinerippchen
Majoran
2-3 EL Schmalz
1 Zwiebel

◆ Backpflaumen über Nacht einweichen. Am nächsten Tag entkernen.
Rippchen auseinander schneiden, mit Salz und Majoran einreiben, in Schmalz knusprig anbraten. Die Zwiebel in Ringe schneiden, im restlichen Schmalz glasig braten und zu den Rippchen geben. Bei schwacher Hitze anderthalb bis zwei Stunden schmoren, dabei gelegentlich mit wenig Wasser begießen. Am Ende der Garzeit die Backpflaumen zugeben.
Die Rippchen von den Knochen lösen und mit den Backpflaumen anrichten.

Varianten

Schweinerippchen nach schlesischer Art
Żeberka po śląsku

◆ Die Rippchen ohne Backpflaumen zubereiten. Statt mit Majoran mit Kümmel, Pfeffer und Salz würzen.

Kurper Schweinerippchen
Żeberka po kurpiowsku

◆ Die Rippchen vor dem Anbraten mit Mehl bestäuben. Die Pflaumen durch zwei gehackte Gewürzgurken ersetzen. Vor dem Servieren eine Sauce zubereiten: Butter zerlassen, Mehl unterrühren und unter ständigem Rühren Bratensaft zugießen.

Schweinebraten in Wildbretmanier
Pieczeń wieprzowa na dziko

4 Tage marinieren
für 4-6 Personen

1½ kg mageres Schweinefleisch
2 Zwiebeln
50 ml Weißwein
1 Zitrone (Saft)
20 Wacholderbeeren
10 Pfefferkörner
10 Pimentkörner
2 Gewürznelken
1 Lorbeerblatt
5-6 EL Schmalz
1 TL Mehl
1 EL Pflaumenmus
200 ml Fleischbrühe

◆ Das Fleisch in ein Steingutgefäß geben. Eine Zwiebel in Ringe schneiden und das Fleisch damit belegen.
Den Wein mit Zitronensaft, Wacholderbeeren, Pfeffer- und Pimentkörnern, Nelken und Lorbeerblatt versetzen, aufkochen und über das Fleisch gießen. Den Topf kühl stellen, das Fleisch zweimal täglich wenden.
Nach vier Tagen das Fleisch mit Salz einreiben und eine Stunde kalt stellen. In Schmalz anbraten und im vorgeheizten Ofen bei mittlerer Hitze schmoren, dabei mehrmals mit Bratensaft übergießen. Nach 30 Minuten die zweite, gehackte Zwiebel beifügen.
Das gegarte Fleisch aus dem Topf nehmen. Die Bratensauce mit Mehl bestäuben, die durchgeseihte Marinade zugießen. Pflaumenmus sowie Brühe beifügen. Das Fleisch wieder in den Topf geben und bei schwacher Hitze weitere 10 Minuten kochen.

Geschmorter Hammelbraten mit Tomaten

Pieczeń barania duszona z pomidorami

am Vortag beginnen
für 3-4 Personen

700-800 g Hammelfleisch mit Knochen
1 Bund Suppengrün
2 EL Pflanzenöl
5 Pfefferkörner
1 EL Zucker
2 EL Mehl
2-3 EL Butter
300 g Tomaten
1 gehackte Zwiebel
Essig
⅛ l saure Sahne

◆ Das Fleisch in einer Mischung aus zerkleinertem Suppengrün, Öl, Pfefferkörnern und einer Prise Zucker eine Stunde ziehen lassen.
Mit der Hand den entstandenen Saft ausdrücken. Das Fleisch in eine andere Schüssel geben und mit dem Saft übergießen. Das Suppengrün zur Seite stellen. Das Fleisch über Nacht, mindestens aber vier bis fünf Stunden kühl stellen.
Am nächsten Tag eventuell entstandenes Fett abschöpfen. Das Fleisch salzen, in Mehl wälzen und von allen Seiten in Butter anbraten. ⅛ l Wasser und das Suppengrün beifügen. Eine bis anderthalb Stunden schmoren. Nach der Hälfte der Garzeit die in Scheiben geschnittenen Tomaten und die Zwiebel beifügen.
Das gegarte Fleisch in Scheiben schneiden. Den Bratensaft durchseihen, mit dem restlichen Mehl bestäuben, mit etwas Zucker, Salz und Essig abschmecken. Aufkochen, mit saurer Sahne binden und vor dem Servieren über das Fleisch gießen.
Beilagen: Klöße, Nudeln oder Salzkartoffeln; gedünstetes Gemüse

Hammel mit Gewürzgurken
Baranina z ogórkami kwaszonymi

1 kg Hammelfleisch
2 gehackte Knoblauchzehen
1 Bund Suppengrün
1 gehackte Zwiebel
1 EL Mehl
¼ l saure Sahne
200 g Gewürzgurken
Zucker
2 EL gehackter frischer Dill

◆ Das Fleisch mit Knoblauch und Salz einreiben. Mit dem zerkleinerten Suppengrün und der Zwiebel in einen Topf geben. ½ l Wasser zugießen und eine Stunde dünsten.
Die Brühe durchseihen und zur Seite stellen. Das gegarte Fleisch abkühlen lassen und in Scheiben schneiden. Mehl und saure Sahne verrühren und mit den gehackten Gurken zur Fleischbrühe geben. Mit Zucker und Salz abschmecken, kurz aufkochen, die Fleischscheiben hineinlegen. 15 Minuten weiterdünsten.
Fleisch und Sauce auf einer Platte anrichten und mit Dill bestreuen.

Lamm-Tschulent
Czulent z mięsem jagnięcym

am Vortag beginnen
3 Stunden Zubereitungszeit
für 6-8 Personen

1 Tasse weiße Bohnen
1½ kg Lammrücken
2 klein gehackte Zwiebeln
3 TL Fett
2-3 Knoblauchzehen
½ TL Ingwer

Tschulent ist ein traditionelles Gericht der Aschkenasim und wird am Sabbatmittag gegessen. Bereits am Freitagnachmittag zubereitet, bleibt es über Nacht in der Backstube stehen. Die Sephardim bereiten ähnliche Gerichte am Kamin.

◆ Die Bohnen 15 Minuten in kaltem Wasser einweichen. Das Wasser abgießen, die Bohnen über Nacht quellen lassen.
Am nächsten Tag die Bohnen in Wasser 30 Minuten kochen. In einem breiten, flachen Topf Lammrücken und Zwiebeln in heißem Fett anbräunen. Knoblauch, 2 TL Salz, ¼ TL Pfeffer, Ingwer und etwas Bohnenwasser zugeben. Das Fleisch zugedeckt bei schwacher Hitze zwei bis zweieinhalb Stunden gar köcheln, dabei immer wieder etwas Bohnenwasser zugießen.
Beilagen: heiße gekochte rote Rüben und Sahne; Rohkost

In Bier geschmorte Weißwurst
Kiełbasa biała duszona w piwie

500 g Weißwurst
1 Flasche helles Bier
2 EL Butter
1 Brühwürfel
2 gehackte Zwiebeln
½ Zitrone
2 EL Mehl
Essig

◆ Die Wurst in Stücke schneiden und mit Bier übergießen. Butter, Brühwürfel und Zwiebeln beifügen. Etwa 30 Minuten schmoren.
Die Zitrone schälen und in Scheiben schneiden. Kurz vor Ende der Garzeit das in wenig Wasser angerührte Mehl und die Zitronenscheiben zugeben. Vor dem Servieren mit Essig abschmecken.

Gebratener Speck
Boczek pieczony

500 g durchwachsener Speck
Kümmel
1 Zwiebel

Ein Bauerngericht

◆ Den Speck 20 Minuten kochen. In eine feuerfeste Form legen, salzen und mit Kümmel bestreuen. Die in Ringe geschnittene Zwiebel beifügen. Im vorgeheizten Ofen etwa eine Stunde braten, dabei regelmäßig mit Bratensaft übergießen und, falls nötig, Wasser zugeben, gelegentlich wenden.
Den gegarten Speck in einer Pfanne bei großer Hitze leicht anbräunen. Vor dem Servieren in Scheiben schneiden.
Beilagen: Salzkartoffeln, Weißkohl

Schweinesteak »Heinrich IV«

Stek wieprzowy »Henryk IV«

500 g Schweinesteak
100 g Butter
100 g Räucherschinken
2-3 EL Mehl
4 Eiweiß
3 EL Tomatenmark

◆ Das Fleisch quer zur Faser in vier Scheiben von 1,5 cm Dicke schneiden, mit etwas Butter bestreichen, mit Wasser besprengen. Den Schinken in dünne Streifen schneiden und das Fleisch damit spicken. Salzen, pfeffern, mit Mehl bestreuen. In Butter von beiden Seiten kurz anbraten.
Das Fleisch in eine mit Butter ausgestrichene feuerfeste Form legen und mit dem steif geschlagenen Eiweiß bestreichen. Tomatenmark mit Pfeffer und Salz mischen, darüber verteilen. Im vorgeheizten Ofen überbacken.
Beilagen: Blumenkohl oder grüner Salat; Salzkartoffeln oder Buchweizengrütze

Rehfilet

Kotlet z sarny

3 Tage marinieren
für 3-4 Personen

1 kg Rehrücken ohne Knochen
1 Zitrone (Saft)
1 Bund Suppengrün
Pflanzenöl
Wacholderbeeren
1 Lorbeerblatt
Estragon
2 EL Mehl
1 gehackte Zwiebel
Butter
einige Salatblätter

◆ Das Fleisch mit Zitronensaft beträufeln. Das zerkleinerte Suppengrün, Öl, einige Wacholderbeeren, Lorbeerblatt und Estragon vermischen. Das Fleisch damit bedecken und drei Tage kühl stellen.
Das Fleisch aus der Marinade nehmen, quer zur Faser in Scheiben von 1 cm Dicke schneiden, salzen und in Mehl wälzen. Die Zwiebel in Butter glasig dünsten. Die Fleischscheiben zugeben und kurz braten, bis sie innen nicht mehr blutig sind.
Mit Zitronensaft beträufeln und auf einer mit Salatblättern ausgelegten Platte anrichten.

Hase nach Jägerart
Zając po myśliwsku

1 Tag marinieren

1 kg Hasenrücken
2 Bund Suppengrün
1 EL Pflanzenöl
Pimentkörner
2 Lorbeerblätter
1 gehackte Zwiebel
Zucker
500 g Wildfleischknochen
50 g durchwachsener Speck
Paprikapulver
3 EL Butter
Wacholderbeeren
3-4 EL Paniermehl
1 Glas Rotwein

◆ Das Fleisch in ein Steingutgefäß legen. Die Hälfte des zerkleinerten Suppengrüns mit Öl, einigen Pimentkörnern, einem Lorbeerblatt, der Zwiebel sowie einer Prise Salz und Zucker kurz in Wasser garen. Das Fleisch mit der Marinade übergießen und einen Tag kalt stellen.
Am nächsten Tag die Knochen mit dem restlichen Suppengrün, dem zweiten Lorbeerblatt und einigen Pimentkörnern in 2 l Wasser auskochen. Die Brühe durchseihen und zur Seite stellen.
Den Speck in Streifen schneiden, mit Paprika bestreuen. Das Fleisch damit spicken und leicht in Butter anbraten. Einige Wacholderbeeren, die übrige Butter und etwas Wasser zugeben und alles zugedeckt eine Stunde schmoren.
Das Paniermehl in die Brühe geben, aufkochen, durch ein Sieb streichen und mit Wein ergänzen. Über das Fleisch gießen, mit Pfeffer und Salz abschmecken, weiterschmoren.
Das gegarte Fleisch in Portionen zerlegen, mit dem Bratensaft in die Sauce geben und vor dem Servieren erhitzen.

◆ Das Fleisch in ein Steingutgefäß legen. Die Zwiebel in Ringe schneiden, mit Lorbeerblatt, Pimentkörnern und Wacholderbeeren in ½ l Wasser aufkochen. Essig unterrühren. Das Fleisch mit der Marinade übergießen und drei Tage kalt stellen, täglich wenden.
Den Speck in Streifen schneiden, das Fleisch damit spicken, salzen. In einer feuerfesten Form etwas Butter zerlassen, das Fleisch hineingeben und mit der übrigen, zerlassenen Butter und wenig Wasser beträufeln. Im vorgeheizten Ofen etwa zwei Stunden braten, dabei mehrmals mit Bratensaft übergießen und, falls nötig, Wasser zugeben.
Den Zucker karamellisieren: erhitzen, bis er eine bräunliche Färbung annimmt, Wasser zugießen und zugedeckt aufkochen.
Das gegarte Fleisch in Portionen teilen. Den Bratensaft mit Mehl binden, aufkochen, saure Sahne unterrühren. Den karamellisierten Zucker zugeben und die Sauce über das Fleisch gießen.
Beilagen: Kartoffelpüree, rote Rüben, Preiselbeersauce (Seite 73), geriebener Meerrettich, Gurkensalat

Hase in saurer Sahne
Zając po polsku w śmietanie

3 Tage marinieren
für 4-6 Personen

1 Hasenrücken
2-4 Hasenkeulen
1 Zwiebel
1 Lorbeerblatt
2-3 Pimentkörner
Wacholderbeeren
¼ l Essig
80 g durchwachsener Speck
2 EL Butter
1 EL Mehl
⅛ l saure Sahne

Rebhuhn »Wawel«
Kuropatwa po wawelsku

2 Stunden Zubereitungszeit
für 4-6 Personen

4 Rebhühner
Wacholderbeeren
1 Zitrone
200 g Speck
2 EL Butter
Mehl
1-2 EL Honig

◆ Rebhühner mit Salz, Pfeffer und zerdrückten Wacholderbeeren einreiben und eine Stunde kühl stellen.
Die Knochen auslösen. Die geschälte Zitrone und den Speck in Scheiben schneiden. Speck- und Zitronenscheiben um die Rebhühner wickeln und mit Küchengarn festbinden. Die Rebhühner mit Butter bestreichen und im vorgeheizten Ofen etwa 40 Minuten braten, dabei regelmäßig mit Bratensaft übergießen und, falls nötig, Wasser zugeben. Kurz vor Ende der Garzeit Speck- und Zitronenscheiben entfernen.
Die knusprig gebräunten Rebhühner aus dem Ofen nehmen und längs halbieren. Butter zerlassen, Mehl unterrühren und andünsten. Bratensaft zugießen und durchrühren. Die Sauce mit Honig abschmecken und vor dem Servieren über die Rebhühner gießen.

Geflügel
Potrawy z drobiu

Hähnchen nach polnischer Art
Kurczęta po polsku

2½ Stunden Zubereitungszeit
für 4-6 Personen

2 kleine Hähnchen
1 trockenes Brötchen oder Weißbrot
⅛ l Milch
2 Hühnerlebern
1 Ei
3-4 EL Butter
2 EL gehackter frischer Dill
2 EL gehackte frische Petersilie
1-2 EL Paniermehl

◆ Die Hähnchen salzen und eine Stunde ziehen lassen.
Den Hals abschneiden, Keulenenden und Magenstücke in die Bauchhöhle stecken, die Flügel auf den Rücken biegen.
Das Brötchen in Milch einweichen und mit den Lebern in einer Küchenmaschine pürieren. Das Ei trennen. Das Eigelb mit 1 EL Butter verrühren und zur Lebermasse geben. Dill, Petersilie, Pfeffer und Salz beifügen. Das Eiweiß schaumig schlagen, unter die Masse ziehen. Mit Paniermehl verrühren.
Die Haut der Hähnchen abheben. Einen Teil der Lebermasse dünn zwischen Haut und Brust- bzw. Rückenfleisch streichen, den Rest in die Bauchhöhle füllen. Die Hähnchen mit Küchengarn zunähen. Im vorgeheizten Ofen eine Stunde braten, dabei mehrmals mit zerlassener Butter und etwas Wasser beträufeln. Vor dem Ende der Garzeit kurz überbacken, nochmals zerlassene Butter darüber träufeln.
Vor dem Servieren das Garn entfernen und die Hähnchen längs halbieren.

Gebratene Ente mit Stachelbeeren
Kaczka pieczona z agrestem

3 Stunden Zubereitungszeit
für 4-6 Personen

1 Ente
Majoran
80 g Butter
200 g frische Stachelbeeren
Zucker

◆ Die Ente mit Salz und Majoran einreiben, eine Stunde ziehen lassen.
Die Hälfte der Butter zerlassen und über die Ente geben. Im vorgeheizten Ofen etwa anderthalb Stunden braten, dabei mehrmals mit Bratensaft übergießen und, falls nötig, Wasser zugeben.
Die Stachelbeeren mit Zucker und Majoran bestreuen, in der restlichen Butter andünsten.
Die gegarte Ente aus dem Ofen nehmen und in Portionen zerlegen. Den Bratensaft mit Zucker und Salz abschmecken. Die Entenstücke wieder hineinlegen, mit den Stachelbeeren bedecken und etwa 15 Minuten dünsten.
Beilage: Klöße

Ente mit Buchweizenfüllung
Kaczka nadziewana z kaszą

3-4 Stunden Zubereitungszeit
für 4-6 Personen

1 Ente
Majoran
20 g getrocknete Pilze
Entenklein
1 Bund Suppengrün
300 g Buchweizen
2 Eier
2 Zwiebeln
3 EL Entenschmalz
1 EL gehackte frische Petersilie
3 EL Butter
Salatblätter

◆ Die Ente mit Salz und Majoran einreiben, eine Stunde ziehen lassen.
Pilze und Entenklein in 1 l Wasser kochen. Nach der Hälfte der Garzeit Suppengrün beifügen. Die Brühe durchseihen, über den Buchweizen gießen und diesen bei schwacher Hitze quellen lassen.
Die Eier trennen, das Eiweiß schaumig schlagen. Die Zwiebeln in Ringe schneiden und in Schmalz anbraten. Pilze, Entenklein und Suppengrün zerkleinern. Mit Eigelb und Petersilie zu den Zwiebeln geben, salzen und gut durchrühren. Den Eischnee unterziehen. Die Masse mit der abgekühlten Buchweizengrütze vermischen.
Die Ente damit füllen und mit Küchengarn zunähen. Butter zerlassen, die Ente hineinlegen und im vorgeheizten Ofen anderthalb bis zwei Stunden knusprig braten, dabei regelmäßig Wasser zugießen.
Das Garn entfernen und die Ente auf einer mit Salatblättern ausgelegten Platte servieren.

Variante
Statt der Ente eine Gans füllen, entsprechend Gänseklein und Gänseschmalz verwenden.

Ente nach Danziger Art
Kaczka po gdańsku

2 Stunden Zubereitungszeit
für 4-6 Personen

1 Ente
Majoran
2 EL Butter
2 Bund Suppengrün
2 gehackte Zwiebeln
3 EL Entenschmalz
1 EL Mehl
1 große Orange
1 EL Orangenlikör

◆ Hals und Flügel abschneiden und die Ente mit Salz und Majoran einreiben. Im vorgeheizten Ofen in Butter goldbraun anbraten.
Hals, Flügel und Suppengrün zerkleinern, mit den Zwiebeln in Schmalz anbraten. ½ l Wasser zugießen und dünsten. Die Mischung über die Ente geben und alles zugedeckt im Ofen etwa eine Stunde schmoren.
Die gegarte Ente aus dem Ofen nehmen und in Portionen zerlegen. Etwas Mehl mit Wasser verrühren und den Bratensaft damit binden. Eine halbe Orange in Scheiben schneiden, die andere Hälfte ausdrücken. Saft und Likör mischen, zur Sauce gießen.
Ente, Gemüse und Orangensauce auf einer Platte anrichten, mit Orangenscheiben garnieren.

Schaschlik »Varsaviensis«
Szaszłyk »Varsaviensis«

für 2-3 Personen

300 g Entenleber
getrocknete Salbeiblätter
150 g durchwachsener Speck
100 g Butter

◆ Die Leber in Stücke schneiden, mit gehackten Salbeiblättern, Pfeffer und Salz bestreuen. Den Speck würfeln. Leber- und Speckwürfel abwechselnd auf Stäbchen spießen und in Butter braten, dabei ständig wenden.
Auf einer Platte anrichten und mit zerlassener Butter beträufeln.
Beilagen: Weizengrütze, Preiselbeersauce (Seite 73)

Warschauer Pute
Indyk warszawski

6-7 Stunden Zubereitungszeit
für 4-6 Personen

1 Pute
Milch
200 g Champignons
3-4 EL Butter
2 Eier
100 g Putenleber
1-2 EL Paniermehl
1-2 EL gehackte frische Petersilie
Thymian

◆ Die Pute mit Milch bedecken und drei bis vier Stunden kalt stellen.
Champignons hacken und in Butter dünsten. Die Eier trennen, das Eiweiß schaumig schlagen. Die Leber in einer Küchenmaschine hacken. Champignons, Leber, Eigelb, Paniermehl, Petersilie und Thymian miteinander verrühren. Pfeffern und salzen, den Eischnee unterziehen.
Die Haut der Pute lockern. Die Lebermasse dünn zwischen Kropf und Haut streichen, Kropf und Bauchöffnung füllen und mit Küchengarn zunähen.
Die Pute mit der restlichen, zerlassenen Butter beträufeln und im vorgeheizten Ofen zwei bis drei Stunden braten, dabei mehrmals mit Wasser und Bratensaft übergießen.
Die Füllung aus der gegarten Pute nehmen und in eine Servierschüssel geben. Das Garn entfernen, die Pute in Portionen teilen und auf einer Platte anrichten. Die Füllung dazu reichen.
Beilagen: Salzkartoffeln; Rohkost oder Salat

Gans nach polnischer Art
Gęś polska

3-4 Stunden Zubereitungszeit
für 4-6 Personen

1 junge Gans
Kümmel
Majoran
40 g getrocknete Pilze
4 EL Butter
500 g Sauerkraut
5 EL Ketchup

◆ Hals und Flügel abschneiden und die Gans mit Salz, Pfeffer, Kümmel und Majoran einreiben. Etwa eine Stunde kalt stellen.
Die Pilze in Wasser dünsten. Die Brühe durchseihen und zur Seite stellen, die Pilze hacken.
Die Gans mit zerlassener Butter beträufeln und im vorgeheizten Ofen zwei bis drei Stunden braten, dabei mehrmals mit Pilzbrühe und Bratensaft übergießen.
Das Sauerkraut hacken und in der Pilzbrühe garen. Die Pilze untermischen.
Die gegarte Gans in Portionen teilen, die Knochen auslösen. Mit Sauerkraut und Pilzen in einen Topf geben, Ketchup darüber verteilen und im Ofen überbacken.
Beilagen: Salzkartoffeln oder Pommes frites; Rohkost oder Salat

Gans nach litauischer Art
Gęś po litewsku

3-4 Stunden Zubereitungszeit
für 4-6 Personen

1 junge Gans
Kümmel
Majoran
Wacholderbeeren
40 g getrocknete Pilze
3 EL Butter
1 gehackte Zwiebel
1 gehackte Knoblauchzehe
100 ml Sahne

◆ Hals und Flügel abschneiden und die Gans mit Salz, Pfeffer, Kümmel, Majoran und zerdrückten Wacholderbeeren einreiben. Eine Stunde kalt stellen.
Die Pilze in Wasser dünsten. Die Brühe durchseihen und zur Seite stellen, die Pilze hacken.
Die Gans mit zerlassener Butter beträufeln und im vorgeheizten Ofen etwa zwei Stunden braten, dabei mehrmals mit Pilzbrühe und Bratensaft begießen.
Zwiebel, Pilze, Knoblauch, Sahne, Pfeffer und Salz vermischen und am Ende der Garzeit zur Gans geben.
Die gegarte Gans in Portionen teilen, die Knochen auslösen. Auf einer Platte anrichten und mit der Bratensauce übergießen.

Fischgerichte
Potrawy z ryb

Gebratener Fisch in Wein und saurer Sahne
Ryba pieczona z winem i ze śmietaną

für 3-4 Personen

1 kg Karpfen, Hecht oder Zander oder 600 g Fischfilet
100 g Butter
⅛ l trockener Weißwein
⅛ l saure Sahne
2 hart gekochte Eier
gehackte frische Petersilie
50-100 g geriebener Meerrettich

◆ Die ausgenommenen und gesäuberten Fische bzw. die Filets salzen. In einer feuerfesten Form Butter zerlassen, den Fisch hineinlegen, mit zerlassener Butter beträufeln und im vorgeheizten Ofen etwa 35 Minuten braten.
Nachdem alle Flüssigkeit verdampft ist, den Fisch mit Wein übergießen. Die restliche, zerlassene Butter und die saure Sahne beifügen, weitere 5 Minuten braten.
Vor dem Servieren mit gehackten Eiern und Petersilie bestreuen, mit Meerrettich garnieren.

Fisch mit Sahne
Ryba ze śmietaną

Ein osteuropäisch-jüdisches Rezept

3 EL Butter
1 Tasse gehackte Zwiebeln
4 Filetstücke vom Hecht oder Karpfen
1½ TL Salz
¼ TL Pfeffer
1 TL Paprikapulver
½ Tasse dicke Sahne

◆ In einer Pfanne Butter zerlassen und die Zwiebeln bei schwacher Hitze darin glasig dünsten. Die Fischstücke darauf legen, Gewürze und 1 Tasse Wasser zugeben. Den Fisch bei schwacher Hitze etwa 45 Minuten dünsten, dabei regelmäßig wenden.
Den Fisch auf einen Teller legen, die geschlagene Sahne in die Pfanne gießen und kräftig durchmischen, mit Pfeffer und Salz abschmecken. Den Fisch zurück in die Pfanne legen und mit der Sahnesauce heiß servieren.

Forelle in Sahne
Pstrąg w śmietanie

4 Forellen
2 EL Mehl
2-3 EL Butter
150 ml Sahne
100 ml trockener Weißwein
1 Bund Petersilie

◆ Die gesäuberten und ausgenommenen Fische mit Pfeffer bestreuen und 30 Minuten kalt stellen. Salzen, mit Mehl bestäuben und in Butter knusprig braten. Sahne mit Wein, Pfeffer und Salz mischen, über den gebratenen Fisch gießen und im vorgeheizten Ofen überbacken.
Auf einer Platte anrichten und mit Petersilienstängeln oder gehackter Petersilie garnieren.

Forelle nach polnischer Art
Pstrąg po polsku

1 Bund Suppengrün
1 gehackte Zwiebel
1 Lorbeerblatt
Basilikum
4 Forellen
3 hart gekochte Eier
1 EL Butter
1 EL gehackte frische Petersilie

◆ Das zerkleinerte Suppengrün mit Zwiebel, Lorbeerblatt, Basilikum, Pfeffer und Salz auskochen. Die Brühe durchseihen. Die ausgenommenen und gesäuberten Fische hineinlegen. Bei schwacher Hitze etwa 30 Minuten kochen.
Die Eier hacken. Zerlassene Butter mit der Hälfte der Eier und der Petersilie mischen, über dem Fisch verteilen. Vor dem Servieren mit den restlichen Eistücken bestreuen.

In Bier gedünsteter Karpfen
Karp duszony w piwie

für 3-4 Personen

1 kg Karpfen
4-5 Gewürznelken
2 EL Essig
3 EL Butter
1 gehackte Zwiebel
⅛ l helles Bier
100 g Rosinen
2 TL abgeriebene Zitronenschale

◆ Den ausgenommenen und gesäuberten Fisch in drei bis vier Portionen zerteilen. Salzen, pfeffern, mit den zerdrückten Nelken einreiben und mit Essig beträufeln.
In einem Topf Butter zerlassen und die Zwiebel darin glasig andünsten. Bier zugießen und aufkochen. Den Fisch hineinlegen, etwa 30 Minuten dünsten.
Den Fisch aus dem Topf nehmen und warm stellen. Rosinen und Zitronenschale zur Sauce geben, aufkochen.
Den Fisch auf einer Platte anrichten und mit der Sauce übergießen.

Karpfen in Biersauce nach polnischer Art
Karp po polsku w piwnym sosie

1 lebender Karpfen (1 kg)
1 Zitrone (Saft)
1 Bund Suppengrün
1 gehackte Zwiebel
5 Pfefferkörner
⅓ TL Ingwer
1 Glas Rotwein
1 Glas dunkles Bier
2-3 Stück Würfelzucker
1 EL Pflaumenmus
50 g Honiglebkuchen
3-4 EL gehackte Mandeln
3-4 EL Rosinen
1 EL Butter

Dieses Gericht ist in vielen Ländern ein traditionelles Weihnachtsgericht. Weniger bekannt ist, dass es durch polnische Auswanderer verbreitet wurde.

◆ Den Karpfen töten, das Blut in einem Gefäß auffangen und mit etwas Zitronensaft mischen. Zur Seite stellen.
Den ausgenommenen und gesäuberten Fisch portionsgerecht zerteilen, salzen und etwa 20 Minuten kalt stellen.
Das zerkleinerte Suppengrün mit Zwiebel, Pfefferkörnern, Ingwer, Wein und etwas Salz auskochen. Die Brühe durchseihen, den Saft einer halben Zitrone beifügen.
Den Fisch in ½ l Brühe garen. Herausnehmen, auf einer Platte anrichten und warm halten. Die Brühe durchseihen, Blut, Bier, Würfelzucker, Pflaumenmus, geriebenen Lebkuchen, Mandeln, Rosinen und Butter beifügen. Die Sauce bei schwacher Hitze 15 Minuten kochen.
Mit Salz, Pfeffer, Zucker sowie Zitronensaft abschmecken und zum Fisch reichen.

Pommerscher Brathering
Śledzie marynowane

3 Tage marinieren
für 3-4 Personen

1 kg Heringe
1 EL Mehl
Pflanzenöl
1 Bund Suppengrün
1 gehackte Zwiebel
1 Lorbeerblatt
Pimentkörner
1 Zitrone (Saft)
Zucker
1 gehackte Knoblauchzehe

◆ Die ausgenommenen und gesäuberten Fische salzen, in Mehl wälzen und von allen Seiten in Öl anbraten.
Das zerkleinerte Suppengrün mit Zwiebel, Lorbeerblatt und einigen Pimentkörnern garen. Zitronensaft beifügen, mit Salz, Pfeffer, Zucker und Knoblauch süßsauer abschmecken. Abkühlen lassen.
Die Fische mit der Marinade bedecken und drei Tage ziehen lassen.

Hering nach altpolnischer Art
Śledzie staropolskie

mehrere Tage marinieren
für 4-6 Personen

6 Heringe
2 gehackte Zwiebeln
2 Äpfel
2 Lorbeerblätter
5 Pfefferkörner
2 EL Senf
⅛ l Pflanzenöl
100 ml Weißwein
3-4 EL Essig
Zucker

◆ Die ausgenommenen und gesäuberten Fische in Stücke zerteilen. Abwechselnd mit Zwiebeln, geraspelten Äpfeln, zerdrückten Lorbeerblättern und Pfefferkörnern in ein Glas schichten. Aus Senf, Öl, Wein und Essig eine Marinade anrühren, mit Zucker abschmecken und über den Fisch gießen.
Kühl aufbewahren und einige Tage ziehen lassen. Im Kühlschrank hält sich der Fisch etwa zwei Wochen.

Mehlspeisen
Potrawy mączne

Piroggen (Grundrezept)
Pierogi

350 g Mehl
1 Ei
2-3 EL Butter

Bereits die urslawischen Stämme, die auf heute polnischem Gebiet lebten, bereiteten eine Art Teigtasche zu. Im Laufe der Jahrhunderte ergaben sich je nach Region und Jahreszeit vielfältige Füllungen. Auch der ursprünglich nur aus Mehl, Wasser, Eiern und Salz zubereitete Teig wurde variiert, unterschiedlich geformt und entsprechend benannt: Piroggen oder Plinsen sind größer als Piroschki, Plinsen – im Gegensatz zu den halbrunden Piroggen – länglich geformt. Teigtaschen sind beliebte Suppeneinlagen oder selbstständige Gerichte, man kann sie mit Quark, Konfitüre, Pilzen oder Fleisch füllen. Im Gegensatz zu russischen werden polnische Piroggen in der Regel gekocht.

◆ Mehl, Ei, eine Prise Salz und 3 bis 4 EL Wasser zu einem Teig verarbeiten. Dünn ausrollen und runde Teigstücke von etwa 5 cm Durchmesser ausstechen.
Eine Füllung nach Geschmack darauf verteilen. Die beiden Teighälften übereinander falten, die Ränder fest andrücken. Die Piroggen in Salzwasser kochen, bis sie an der Oberfläche schwimmen. Weitere 2 Minuten im Wasser ziehen lassen.

Piroggen werden als Suppeneinlage oder mit zerlassener Butter bzw. saurer Sahne als eigenständiges Gericht serviert. Zu süßen Piroggen reicht man Schlagsahne.

Piroggen nach masurischer Art
Pierogi po mazowiecku

Piroggenteig
(siehe Grundrezept)
1 trockenes Brötchen
500 g Hackfleisch vom Rind
1 Ei
1 gehackte Zwiebel
2-3 EL Butter

◆ Piroggenteig zubereiten.
Das Brötchen in Wasser einweichen, mit Fleisch, Ei, Pfeffer und Salz zu einer festen Masse kneten.
Die Zwiebel in Butter anbraten und untermischen.
Die vorbereiteten Piroggen damit füllen und wie beschrieben kochen.

Weihnachtspiroggen
Pierogi bożenarodżeniowe

mehrere Stunden
Zubereitungszeit

50 g getrocknete Pilze
400 g Mehl
1 Ei
800 g Sauerkraut
2 gehackte Zwiebeln
3 EL Butter

◆ Pilze einige Stunden wässern, im Einweichwasser garen, die Brühe durchseihen.
Mehl, Ei und 3 bis 4 EL Wasser zu einem weichen, lockeren Teig verarbeiten. Dünn ausrollen und runde Teigstücke von etwa 6 cm Durchmesser ausstechen.
Das Sauerkraut hacken und mit Pilzbrühe bedecken. 30 Minuten garen.
Die Zwiebeln in Butter anbraten. Das gegarte Kraut ausdrücken, mit Pilzen zu den Zwiebeln geben, unter Rühren kurz braten. Pfeffern, salzen und abkühlen lassen.
Die Füllung auf den Piroggen verteilen. Die beiden Teighälften übereinander falten, die Ränder fest andrücken. Die Piroggen in Salzwasser kochen, bis sie an der Oberfläche schwimmen. Weitere 2 Minuten im Wasser ziehen lassen.

»Faule« Piroggen
Pierogi »leniwe«

500 g Quark
200 g Butter
3 Eier
150 g Mehl

◆ Den Quark durch ein Sieb streichen. Die Butter schaumig rühren, nach und nach zugeben. Ein Ei trennen, das Eiweiß steif schlagen. Eigelb und Quark mischen, den Eischnee unterziehen.
Das Mehl, die übrigen Eier und eine Prise Salz zu einem Teig verrühren. Die Quarkmasse untermischen. Den Teig zu einer Rolle formen, flach drücken und in 2 bis 3 cm große Stücke schneiden. Diese nacheinander in kochendes Salzwasser geben und zugedeckt kochen, bis die Piroggen an der Oberfläche schwimmen.
Beilagen: zerlassene Butter, Sahne

Piroschki nach Warschauer Art
Pierożki warszawskie

350 g Mehl
1 Ei
500 g Champignons
1 gehackte Zwiebel
2-3 EL Butter
1 Ei

◆ Mehl, Ei, eine Prise Salz und 3 bis 4 EL Wasser zu einem Teig verarbeiten. Dünn ausrollen und runde Teigstücke von etwa 5 cm Durchmesser ausstechen.
Pilze hacken und mit der Zwiebel in Butter andünsten. Das Ei unterrühren. Wenn die Flüssigkeit verdampft ist, pfeffern und salzen.
Die Füllung auf den Piroschki verteilen. Die beiden Teighälften übereinander falten, die Ränder fest andrücken. Die Piroschki in Salzwasser kochen, bis sie an der Oberfläche schwimmen. Weitere 2 Minuten im Wasser ziehen lassen.

Plinsen (Grundrezept)
Naleśniki

2 Eier
¼ l Milch
200 g Mehl
1 Scheibe Speck
Paniermehl
Butter

◆ Die Eier trennen. Eigelb mit Milch, ¼ l Wasser und so viel Mehl verrühren, dass ein dickflüssiger Teig entsteht. Eiweiß steif schlagen und unterziehen. Restliches Mehl sowie eine Prise Salz beifügen. Einen Teil des Teigs zur Seite stellen.
Eine Pfanne mit der Speckscheibe ausreiben und erhitzen. Eine dünne Teigschicht gleichmäßig darin verteilen und von beiden Seiten goldgelb anbraten. Mit dem größten Teil des Teigs auf gleiche Weise verfahren.
Eine Füllung nach Geschmack darauf verteilen. Die Ränder übereinander schlagen, die Plinsen zusammenrollen. Im restlichen Teig wälzen, mit Paniermehl bestreuen und in Butter goldbraun braten.

Plinsen nach Poznańer Art
Naleśniki poznańskie

Plinsenteig
(siehe Grundrezept)
1 Scheibe Speck
4 trockene Brötchen
½ l Milch
6 hart gekochte Eier
1 Zwiebel
Butter
2 EL saure Sahne
Paniermehl

◆ Plinsenteig zubereiten. Die Plinsen in ausgelassenem Speck braten.
Die Brötchen in Milch einweichen und ausdrücken. Die Eier hacken, die Zwiebel in Ringe schneiden. Eier und Zwiebel in 2 bis 3 EL Butter anbraten, zur Brötchenmasse geben und in einer Küchenmaschine pürieren. Saure Sahne unterrühren, pfeffern und salzen.
Die vorgebratenen Plinsen mit einer Füllung belegen. Die Ränder übereinander schlagen, die Plinsen zusammenrollen. Im restlichen Teig wälzen, mit Paniermehl bestreuen und in Butter goldbraun braten.

Plinsenkuchen
Baba naleśnikowa

4 Eier
3 EL Zucker
150 g Mehl
¼ l Sahne
4-6 EL Butter
4-5 EL Vanillezucker oder Konfitüre nach Geschmack

◆ Die Eier trennen. Das Eigelb mit Zucker schaumig schlagen. Mehl, Sahne und eine Prise Salz beifügen. Eiweiß steif schlagen und unterziehen.
Etwas Butter zerlassen, ein Fünftel des Teigs hineingeben und bei schwacher Hitze auf einer Seite braten. Mit der ungebratenen Seite nach oben in eine Kasserolle legen. Vanillezucker darüber streuen oder mit Konfitüre bestreichen.
Vier weitere Plinsen auf dieselbe Weise braten und nacheinander darüber legen. Jeweils mit Vanillezucker bestreuen bzw. mit Konfitüre bestreichen.
Den Plinsenkuchen mit zerlassener Butter beträufeln und im vorgeheizten Ofen etwa 5 Minuten backen. Heiß servieren.

Plinsen nach Königsart
Naleśniki królewskie

200 g Mehl
½ l Milch
2-3 Eier
1 Scheibe Speck
1 kg Pilze
120 g Butter
geriebene Muskatnuss
100 g geriebener Käse

◆ 100 g Mehl mit 150 ml Milch sowie 150 ml Wasser verrühren. Die Eier schlagen, salzen und untermischen.
Eine Pfanne mit der Speckscheibe ausreiben und erhitzen. Eine dünne Teigschicht gleichmäßig darin verteilen und von beiden Seiten leicht anbraten. Mit dem übrigen Teig auf gleiche Weise verfahren.
Pilze in Scheiben schneiden, in 1 bis 2 EL Butter anbraten und auf den Plinsen verteilen. Die Ränder übereinander schlagen, die Plinsen zusammenrollen und auf ein Backblech legen.
Die restliche Butter zerlassen, das übrige Mehl einrühren. Milch zugießen und durchschlagen. Die Sauce bei schwacher Hitze etwa 5 Minuten kochen, mit Muskat, Pfeffer sowie Salz abschmecken und über die Plinsen gießen. Mit Käse bestreuen und im vorgeheizten Ofen überbacken.

Pastetchen nach kleinpolnischer Art
Paszteciki małopolskie

2 Stunden Zubereitungszeit

250 g Mehl
⅛ l Milch
20 g Hefe
1 TL Zucker
1 Ei
Butter
100 g geschroteter Buchweizen
50 g durchwachsener Speck
1 gehackte Zwiebel
1 Eigelb

◆ 3 bis 4 EL Mehl, etwas Milch, Hefe und Zucker miteinander vermischen. Zugedeckt eine Stunde gehen lassen.
Das Ei schlagen. Mit dem übrigen Mehl und der restlichen Milch zum Hefeansatz geben, leicht salzen. Den Teig durchkneten, bis sich Bläschen bilden. Etwas zerlassene Butter beifügen, den Teig mit Mehl bestreuen und zugedeckt weitere 15 Minuten gehen lassen.
Den Buchweizen in 200 ml Wasser garen – die Grütze sollte eine körnige Konsistenz erhalten.
Den Speck würfeln und auslassen, die Zwiebel darin rösten. Mit der Grütze mischen, pfeffern und salzen.
Den Teig ausrollen und runde Plätzchen ausstechen. Die Buchweizenmasse darauf verteilen, die Teighälften übereinander falten, die Ränder zusammendrücken. Pastetchen formen und auf ein gebuttertes Backblech legen. Mit geschlagenem Eigelb bestreichen und im vorgeheizten Ofen bei mittlerer Hitze etwa 30 Minuten backen.
Beilage: saure Sahne, Joghurt oder Quark

Käseknödel (Kneidlach)
Knedle serowe

2 Eier
2 Tassen Magerquark
4 EL zerkrümelte Mazze (ungesäuertes Fladenbrot)
3 EL flüssige Butter

Ein osteuropäisch-jüdisches Rezept

◆ Die Eier trennen, das Eiweiß schaumig schlagen. Den Quark durch ein Sieb drücken, mit Eigelb, ½ TL Salz, Mazze und Butter mischen. Den Eischnee untermischen und alles 30 Minuten kalt stellen.
Mit angefeuchteten Händen Kugeln in Walnussgröße formen. In Salzwasser etwa 10 Minuten kochen, bis sie an der Oberfläche schwimmen.

Die Knödel können in der Suppe serviert werden oder als süße Nachspeise mit Schlagsahne – dann 2 EL Zucker unter den Quark mischen.

Nudelflecke
Makaron domowy

350 g Mehl
2 Eier

◆ Das Mehl auf ein Brett sieben. Eine kleine Vertiefung hineindrücken, die Eier und 3 bis 4 EL Wasser hineingeben, durchkneten. Den Teig in zwei Hälften teilen, dünn ausrollen und trocknen lassen.
Mit Mehl bestäuben, zusammenrollen und in 2 cm breite Scheiben schneiden. Diese quer zu Quadraten zurechtschneiden.
Die Nudelflecke in kochendes Salzwasser geben und zugedeckt garen. Mit kaltem Wasser abschrecken, abtropfen lassen und als Suppeneinlage servieren.

Nudel-Quark-Auflauf
Zapiekanka z makaronu i twarogu

für 6-8 Personen

250 g Bandnudeln
Butter
½ Tasse Zucker
¾ Tasse Quark
4 EL Sahne
4 EL Rosinen
½ Zitrone (Saft und abgeriebene Schale)
4 Eier

Ein osteuropäisch-jüdisches Rezept

◆ Die Nudeln kochen. 1 EL Butter, Zucker und 1 TL Salz verrühren, mit Quark, Sahne, Rosinen, Zitronenschale und -saft vermischen.
Die Nudeln mit dem Quark vermengen. Eigelb schlagen und zugeben, Eiweiß steif schlagen und unterheben. Die Masse in eine mit Butter ausgestrichene feuerfeste Form geben und zudecken. Im Wasserbad etwa eine Stunde in den auf 180° C erhitzten Ofen stellen.

Der Auflauf wird als Abendessen mit einem Glas Milch serviert.

Kuchen, Torten, Gebäck
Ciasta, torty, pieczywo

Die Polen lieben Süßigkeiten, Torten, Kuchen, Waffeln und Kleingebäck. Ein Festessen ohne Gebäck ist nicht denkbar. Schon die ersten polnischen Königsstämme erfanden leckere Naschereien, die jedes Mahl krönten.

Gefüllter Hefekuchen
Przekładaniec drożdżowy

3 Stunden Zubereitungszeit

60 g Hefe
200 g Zucker
½ l Milch
500 g Mehl
6 Eigelb
100 g Butter
abgeriebene Zitronenschale
Vanillezucker
160 g Mandeln

für die Nussfüllung:
150 g gehackte Walnüsse
oder Mandeln
150 g Zucker
2 Eiweiß
2 TL Vanillezucker

für die Fruchtfüllung:
150 g Feigen
500 g Trockenobst
1 Stück Orangenschale
150 g Datteln
100 g Rosinen

◆ Die zerbröckelte Hefe mit 1 EL Zucker und ¼ l lauwarmer Milch verrühren, 150 g Mehl zugeben. Den Teig an einem warmen Ort mindestens 30 Minuten gehen lassen.
Das übrige Mehl in eine Schüssel geben. In die Mitte eine Vertiefung drücken, ¼ l Milch und die Hefemasse hineingeben. Fünf Eigelb mit dem restlichen Zucker schaumig rühren und eine Prise Salz beifügen. Zum Mehl geben und gut durchkneten. 80 g Butter zerlassen, mit Zitronenschale und Vanillezucker unter den Teig rühren. Erneut durchkneten. Den Teig an einem warmen Ort zugedeckt weitere 30 Minuten gehen lassen.
Für die Nussfüllung die Walnüsse mit Zucker mischen. Die Eiweiß steif schlagen und den Vanillezucker unterheben.
Für die zweite Füllung Feigen, eingeweichtes Trockenobst und Orangenschale zerkleinern. Mit Datteln und Rosinen in einer Küchenmaschine hacken.
Ein Backblech mit der restlichen Butter bestreichen. Den Teig zur Hälfte ausrollen und darauf legen. Abwechselnd Nuss- und Fruchtfüllung in Streifen auf dem Teig verteilen.
Die zweite Teighälfte ausrollen und darüber ausbreiten. Das belegte Blech weitere 15 Minuten warm stellen.
Wenn der Teig erneut gegangen ist, mit dem restlichen geschlagenen Eigelb bestreichen. Ein Drittel der Mandeln hacken und darüber streuen. Den Kuchen mit den restlichen ganzen Mandeln verzieren und im vorgeheizten Ofen eine bis anderthalb Stunden backen.

Mohntorte mit Kaffeecreme
Tort makowy z masą kawową

2 Stunden Zubereitungszeit

500 g Mohn
10 Eier
300 g Zucker
3 EL Honig
2-3 Mandeln oder Mandelaroma
1-2 EL Rosinen
1 Orange (abgeriebene Schale)
3 EL Paniermehl
1 TL Backpulver
250 g Butter
125 g Puderzucker
1 Eigelb
½ Glas Kognak
1-2 EL sehr starker Kaffee
geschlagene Sahne

◆ Den Mohn überbrühen und etwa 10 Minuten stehen lassen. In einer Küchenmaschine pürieren. Die Eier trennen. Eigelb mit Zucker und Honig verrühren. Mohn, Mandeln, Rosinen, Orangenschale, Paniermehl und Backpulver zufügen, gut durchrühren. Eiweiß steif schlagen und unterziehen.
Den flüssig-cremigen Teig in eine mit Butter ausgestrichene Backform geben. Im vorgeheizten Ofen bei mittlerer Hitze etwa 40 Minuten backen, bis die Torte gleichmäßig braun ist. Abkühlen lassen.
Die restliche Butter, Puderzucker und Eigelb miteinander verrühren. Tropfenweise Kognak und Kaffee unterrühren.
Die Torte quer in drei Scheiben schneiden. Alle drei mit der Kaffeecreme bestreichen und übereinander schichten. Die Seiten ebenfalls bestreichen. Sahne in einen Spritzbeutel füllen und die Torte vor dem Servieren damit garnieren.

Krakauer Torte
Tort krakowski

2 Stunden Zubereitungszeit

4 Eier
250 g Mehl
7-8 EL Zucker
120 g Butter
1 TL gemahlener Zimt
200 g Beerenkonfitüre
Zitronensaft
gehackte Mandeln

◆ Die Eier trennen. Mehl, 6 EL Zucker, 100 g Butter, Eigelb und Zimt zu einem Teig verkneten. Eine Stunde kühl stellen.
Den Teig ausrollen und auf zwei mit der übrigen Butter ausgestrichene Springformen verteilen. Im vorgeheizten Ofen hellgelb backen. Abkühlen lassen.
Eine Teighälfte mit Konfitüre bestreichen, die andere darauf legen und ebenfalls mit Konfitüre bestreichen.
Eiweiß mit restlichem Zucker steif schlagen, etwas Zitronensaft und Mandeln untermischen. In einem flachen Topf bei mittlerer Hitze leicht anbräunen. Die Torte damit garnieren und in den noch warmen Ofen stellen, bis der Eischnee getrocknet ist.

Schokoladenmazurek
Mazurek czekoladowy

250 g Mehl
100 g Butter
80 g Zucker
10 g Vanillezucker
3 Eier
3-4 EL Rosinen
1 Glas Rum
80 g Puderzucker
1 Tafel geriebene Schokolade
3-4 EL Mandeln

◆ 240 g Mehl, Butter, Zucker, Vanillezucker und ein Ei zu einem Teig verkneten. 30 Minuten ruhen lassen.
Den Teig dünn ausrollen, auf ein mit Butter bestrichenes Backblech legen und im vorgeheizten Ofen bei mittlerer Hitze etwa 15 Minuten backen.
Die Rosinen in Rum tränken. Die übrigen Eier mit Puderzucker und Schokolade schaumig rühren. Mandeln, Rosinen sowie das restliche Mehl beifügen. Die Masse auf dem angebackenen Teig verteilen und den Mazurek weitere 10 Minuten backen.

Königsmazurek
Mazurek królewski

4 Eier
350 g Puderzucker
½ Zitrone (Saft)
350 g Mehl
100 g gehackte Mandeln
350 g Butter
350 g Kirschkonfitüre
Zitronenglasur (Seite 134)

◆ Die Eier in ein Gefäß schlagen und Puderzucker unterrühren, bis eine dicke Masse entsteht. Das Gefäß in ein Wasserbad stellen und alles auf kleiner Flamme köcheln. Den Zitronensaft mit 100 ml kochendem Wasser mischen und unter Rühren in die Masse tropfen lassen, gut durchschlagen. Mehl und Mandeln beifügen, nach und nach die zerlassene Butter unterrühren.
Zwei kleine Backbleche mit Pergamentpapier auslegen. Den Teig darauf verteilen und im vorgeheizten Ofen 30 bis 40 Minuten goldgelb backen. Abkühlen lassen.
Eine Teighälfte mit Konfitüre bestreichen, die andere darüber decken. Den Mazurek mit Zitronenglasur überziehen.

Variante
Ein Eigelb verschlagen und vor dem Backen auf dem Teig verteilen.

Für dieses Rezept wird so genanntes Breslauer Mehl, sehr fein gemahlenes Weizenmehl, verwendet.

Quarkmazurek »Zygmunt«
Mazurek z serem »Zygmunt«

2-3 Stunden Zubereitungszeit

250 g Mehl
100 g Butter
2 Eigelb
330 g Puderzucker
500 g Quark
2 Zitronen (Saft)
Vanillezucker
3-4 EL Rosinen
5 Eiweiß
Schokoladenglasur (Seite 134)

Lieblingskuchen des polnischen Königs Zygmunt III. Wazy (1566 bis 1632). Er war der Enkel des polnischen Königs Zygmunt I. und Sohn des schwedischen Königs Johann III., der der schwedischen Dynastie Wasa entstammte.

◆ Das Mehl auf einer geeigneten Fläche verteilen. 80 g Butter zugeben und mit dem Messer zerhacken. Eigelb sowie 80 g Puderzucker beifügen und durchkneten. Etwa eine Stunde kalt stellen.
Den Teig 1 cm dick ausrollen, auf ein mit Butter bestrichenes Backblech legen und etwa 15 Minuten hellgelb backen.
Den Quark mit dem übrigen Puderzucker und Zitronensaft mischen. Vanillezucker und Rosinen einstreuen. Eiweiß steif schlagen und unterziehen. Die Masse gleichmäßig auf dem Teig verteilen und alles bei mittlerer Hitze etwa 40 Minuten weiterbacken.
Nach dem Abkühlen mit Schokoladenglasur überziehen.

Beliebter Hochzeitskuchen

◆ 250 g Mehl, 2 EL Butter, zwei Eier, Puderzucker, ein Päckchen Vanillezucker und Hirschhornsalz zu einem Biskuitteig verarbeiten. Über Nacht stehen lassen.
Am nächsten Tag den Teig gut durchkneten. Auf einer bemehlten Fläche ausrollen und runde oder viereckige Kekse ausstechen. Auf ein mit Butter bestrichenes Backblech legen und im vorgeheizten Ofen backen. Herausnehmen und zur Seite stellen.
Die zerbröckelte Hefe mit 1 EL Zucker und lauwarmer Milch verrühren, 300 g Mehl zugeben. Den Teig an einem warmen Ort mindestens 30 Minuten gehen lassen.
Vier Eier trennen. Eiweiß schaumig schlagen, acht Eigelbe mit dem restlichen Zucker verrühren.
Wenn der Teig zu doppelter Höhe aufgegangen ist, das restliche Mehl, Eischnee, gezuckertes Eigelb, etwas Zitronenschale, Weinbrand und eine Prise Salz beifügen, durchkneten. 200 g zerlassene Butter zugeben und erneut kneten. Den Teig an einem warmen Ort weitere 15 Minuten gehen lassen.
Den Quark in ein Tuch geben, die Flüssigkeit ausdrücken. Mit 250 g Zucker, 100 g Butter, dem restlichem Vanillezucker, zwei Eiern, der restlichen Zitronenschale, Rosinen und den zerriebenen Biskuitkeksen zu einer festen Masse formen.
Den Hefeteig ausrollen und in zwei Hälften teilen. Eine Teighälfte wiederum in zwei Teile schneiden, jede in eine mit Butter ausgestrichene Springform legen und kurz gehen lassen.
Die Quarkmasse in den Springformen verteilen. Den übrigen Teig zu dünnen Röllchen formen und gitterförmig auf dem Quark auslegen. Die restlichen zwei Eigelbe schlagen, die Kuchen damit bestreichen. Mit Mandeln bestreuen und im vorgeheizten Ofen etwa 45 Minuten backen.

Statt selbst gebackener kann man auch im Handel erhältliche Biskuitkekse verwenden.

Runder Kuchen
Kołacz

am Vortag beginnen

1¼ kg Mehl
380 g Butter
8 Eier und 6 Eigelb
90 g Puderzucker
1½ Päckchen Vanillezucker
5 g Hischhornsalz
70 g Hefe
240 g Zucker
½ l Milch
1 Zitrone (abgeriebene Schale)
1 Glas Weinbrand
1 kg Quark
100 g Rosinen
gehackte Mandeln

Quarkfladen
Kołaczyki z serem

500 g Mehl
¼ l Milch
40 g Hefe
4 Eigelb
6-7 EL Zucker
6-7 EL Butter
Zitronensaft
250 g Quark
Orangensaft
20 g Vanillezucker

◆ Die zerbröckelte Hefe mit lauwarmer Milch verrühren, 150 g Mehl zugeben. Den Teig an einem warmen Ort mindestens 30 Minuten gehen lassen. Wenn der Teig das doppelte Volumen erreicht hat, das restliche Mehl sowie eine Prise Salz beifügen. Zwei Eigelb mit 3 bis 4 EL Zucker schaumig rühren, zugeben und durchkneten. Nach und nach 3 EL zerlassene Butter sowie etwas Zitronensaft zufügen. Zudecken und weitere 15 Minuten warm stellen.
Den Teig auf einer bemehlten Fläche ausrollen. Große Scheiben ausstechen und erneut 10 Minuten gehen lassen.
Den Quark mit 3 EL Zucker, einem Eigelb, 2 bis 3 EL Butter, etwas Orangensaft sowie Vanillezucker glatt rühren. In die Teigscheiben jeweils eine Vertiefung drücken und die Quarkmasse hineingeben. Die Fladen mit dem vierten, verschlagenen Eigelb bestreichen und auf ein mit Butter bestrichenes Backblech legen. Im vorgeheizten Ofen etwa 30 Minuten goldgelb backen.

Königskuchen
Placek królewski

Beliebtes Ostergebäck

12 Eier
10 ml Bittermandelaroma
500 g Butter
1 Eigelb
500 g Mehl
500 g Zucker
⅛ l Sahne
süße Mandeln

◆ Die Eier mit dem Bittermandelaroma verschlagen. 480 g Butter schaumig schlagen, Eier und Eigelb unterrühren. Mehl, Zucker und Sahne beifügen, gut durchrühren.
Den Teig auf einem mit Butter bestrichenen Blech ausrollen, mit Mandeln garnieren und im vorgeheizten Ofen etwa 50 Minuten backen.

▲ Im Sommer sind die kalten Suppen wie die Himbeersuppe (S. 52) aus selbst gesammelten, frischen Beeren überaus beliebt.

▲ Liebevoll gedeckter Tisch: Kalbsbraten polnisch mit Backpflaumen, Rindfleischklößchen à la Potocki, als Hauptbeilage geröstete Buchweizengrütze und Schlesische Klöße mit Petersilie garniert, dazu grüner, frischer Salat mit Oliven und Zitrone.

▲ Eine typische Kaffeetafel mit verschiedenen Kuchen: Schokoladen-Kaffee-Torte, Hefe-Apfelkuchen und Faworki (S. 132, in Fett gebackene Späne).

Toruńer Pfefferkuchen
Pierniki toruńskie

2-2½ Stunden Zubereitungszeit

550 g Honig
2 Gewürznelken
Zimt
½ TL Ingwer
½ TL Koriander
½ TL Anis
abgeriebene Zitronenschale
Zucker
1 kg dunkles Roggenmehl
Natron
1 Ei
1 Glas Rum
Mandeln
½ TL Zitronat
Butter

Da die Stadt Toruń am Handelsweg zwischen dem Orient und dem europäischen Norden lag, lernten die Toruńer Kaufleute und Bürger morgenländische Gewürze wie Ingwer, Zimt, Nelken oder Pfeffer eher kennen als die Bewohner anderer polnischer Regionen. Die Bäckerzunft experimentierte mit den exotischen Aromen und erfand so das braune Backwerk, das Pfefferkuchen genannt wurde und bald die Märkte jener Gegend eroberte. Sein Ruf drang bis an den Krakauer Königshof und nach Warschau. Seitdem zählen Toruńer Pfefferkuchen zu den beliebtesten polnischen Leckereien. Man backt sie nicht nur zu Weihnachten, sondern bildet auch zu besonderen Anlässen aus dem braunen Teig beispielsweise Figuren der polnischen Geschichte nach.

◆ 500 g Honig mit zerdrückten Nelken, Zimt, Ingwer, Koriander, Anis, Zitronenschale und einer Prise Zucker unter Rühren aufkochen.
Das Mehl auf einem Backblech ausbreiten und im vorgeheizten Ofen leicht anbräunen. Mit dem gewürzten Honig vermischen und einen Teig kneten. Eine Prise Natron in Wasser auflösen und beifügen. Ei, Rum und fünf gehackte Mandeln zugeben, weiterkneten. Das Zitronat untermischen.
Den Teig etwa 3 cm dick ausrollen und nach Belieben formen. Mit dem restlichen Honig bestreichen und mit Mandeln verzieren. Auf ein mit Butter bestrichenes Backblech legen und im vorgeheizten Ofen bei mittlerer Hitze etwa 50 Minuten backen.

Warschauer Pfefferkuchen
Pierniki warszawskie

120 g Butter
150 g Roggenmehl
150 g Weizenmehl
250 g Honig
1 zerdrückte Gewürznelke
Pfefferkuchengewürz
Kardamompulver
fein gehackte Orangenschale
1 Prise Ingwer
1-2 EL Weinbrand
zum Garnieren: Mandeln

◆ In einer Pfanne 100 g Butter zerlassen, Roggen- und Weizenmehl einrühren und leicht erhitzen. In eine Schüssel geben. Den Honig mit einem Holzlöffel schlagen und kräftig untermischen. Gewürze und Weinbrand zufügen und weiterkneten.
Wenn der Teig nicht mehr an den Händen haften bleibt, runde oder rechteckige flache Pfefferkuchen formen. Mit Mandeln verzieren, auf ein mit Butter bestrichenes Backblech legen und im vorgeheizten Ofen 50 bis 60 Minuten backen.

Honigkuchen
Miodownik

2 Stunden Zubereitungszeit

100 g Zucker
5 Eier
250 g Honig
100 g Butter
250 g Puderzucker
1 g Hirschhornsalz
1 TL gemahlener Zimt
1 TL geriebene Muskatnuss
2 Gewürznelken
500 g Mehl
150 g gehackte Walnüsse

Ein typisches Weihnachtsgebäck

◆ Den Zucker stark erhitzen, 2 EL Wasser zugeben und aufkochen, so dass er karamellisiert. Zur Seite stellen.
Die Eier trennen, das Eiweiß steif schlagen. Den Honig langsam erhitzen, 80 g Butter unterrühren. Nach und nach Eigelb, Puderzucker, Hirschhornsalz, karamellisierten Zucker, Zimt, Muskat und zerdrückte Nelken zugeben. Die Hälfte des gesiebten Mehls beifügen, den Eischnee unterziehen. Mit dem übrigen Mehl und den Nüssen mischen.
In einer mit Butter ausgestrichenen Form bei mittlerer Hitze etwa eine Stunde backen.

Warschauer Pfannkuchen
Pączki warszawskie

Fastnachtsleckerei

100 g Hefe
¼ l Milch
500 g Mehl
100 g Zucker
7 Eigelb
1-2 EL Weinbrand
100 g Butter
250 g Konfitüre nach Geschmack
750 g Schmalz oder 1 l Pflanzenöl
150 g Puderzucker

◆ Die zerbröckelte Hefe mit der Hälfte der Milch verrühren, 3 bis 4 EL Mehl zugeben. Die Mischung kurz stehen lassen.
Wenn sie aufzugehen beginnt, die mit Zucker schaumig gerührten Eigelbe, den Weinbrand, das übrige Mehl, zerlassene Butter und restliche Milch zufügen. Durchkneten, bis der Teig nicht mehr an den Händen haften bleibt, zudecken und an einem warmen Ort eine Stunde gehen lassen.
Den Teig portionsweise auf einer bemehlten Fläche verteilen und zu 3 cm dicken Scheiben ausrollen. Die Scheiben in der Mitte mit Konfitüre bestreichen, zu Kugeln formen, auf ein Tuch legen und erneut kurz gehen lassen.
Schmalz stark erhitzen und die Krapfen etwa 5 Minuten von allen Seiten darin ausbacken – sie dürfen nicht aneinander stoßen. Wenn sie an der Oberfläche schwimmen, herausnehmen, auf Küchenpapier abtropfen lassen und mit Puderzucker bestreuen. Heiß servieren.

Apfelstrudel zum Pessachfest
Paschalna szarlotka z jabłek

für 6-8 Personen

3 Eier
⅔ Tasse Zucker
3 Tassen kleine Apfelstückchen
4 EL zerkrümelte Mazze (ungesäuertes Fladenbrot)
2 TL abgeriebene Zitronenschale
2 EL Pflaumenschnaps oder Branntwein
4 EL Walnüsse
Butter

Ein osteuropäisch-jüdisches Rezept

◆ Die Eier trennen, das Eiweiß schaumig schlagen. Eigelb mit Zucker und einer Prise Salz verschlagen. Mit den Äpfeln vermischen, Mazze, Zitronenschale und Alkohol unterrühren, den Eischnee untermengen. Die Masse in eine mit Butter ausgestrichene Springform geben und im auf 180° C vorgeheizten Ofen etwa 35 Minuten backen.
Den Strudel abkühlen lassen und in Tortenstücke aufteilen.

Späne
Faworki

200 g Mehl
4 EL Sahne
5 Eigelb
1 TL Backpulver
500 g Schmalz oder ¾ l Pflanzenöl
100 g Puderzucker
Vanillezucker

Beliebtes Karnevalsgebäck

◆ Mehl und Sahne verrühren. Eigelb, Backpulver und eine Prise Salz beifügen. Beim Kneten nach und nach lauwarmes Wasser – insgesamt etwa 300 ml – zugießen, bis der Teig eine gummiartige Konsistenz annimmt.
Den Teig auf einer bemehlten Fläche ausrollen und in schmale Streifen schneiden. Jeden Streifen in der Mitte einschneiden und eines der Enden durch den Spalt ziehen.
Schmalz stark erhitzen. Zunächst probeweise einen Span hineingeben: Schwimmt er sofort oben, ist die richtige Temperatur erreicht. Die Späne hineingeben und hellgelb ausbacken. Herausnehmen und auf Küchenpapier abtropfen lassen.
Nach dem Abkühlen mit Puder- und Vanillezucker bestreuen. Vor dem Servieren pyramidenförmig auf einer Platte anrichten.

Kringel
Obwarzanki

250 g Mehl
3-4 Eier
2-3 EL Puderzucker
Butter
Zucker

◆ Mehl, Eier, Puderzucker und etwas Salz zu einem Teig kneten. Auf einer bemehlten Fläche ausrollen und 6 cm lange, schmale Rechtecke ausstechen. Diese rollen und zu Kringeln formen.
In einem Topf Salzwasser zum Kochen bringen und die Kringel darin sprudelnd kochen, bis sie oben schwimmen. Herausnehmen und abtropfen lassen.
Bevor sie abgekühlt sind, die Kringel auf ein mit Butter bestrichenes und mit Mehl bestäubtes Backblech legen. Im vorgeheizten Ofen bei mittlerer Hitze etwa 10 Minuten goldgelb backen.
Mit Zuckerwasser besprengen und heiß servieren.

Mazze-Plätzchen
Placuszki z macy

Ein osteuropäisch-jüdisches Rezept

für 3 Personen

3 Mazze (ungesäuertes Fladenbrot)
3 Eier
1 TL Salz
4 EL flüssige Butter
⅓ Tasse zerkrümelte Mazze
Butter zum Einfetten

◆ Die Mazze mit Wasser bedecken und ruhen lassen, bis sie so weich ist, dass man sie kneten kann. Die Eier mit einer Prise Salz schlagen. Mit flüssiger Butter, gekneteter und zerkrümelter Mazze zu einem Teig verarbeiten.
Eine Pfanne mit Butter ausstreichen und erhitzen. Den Teig löffelweise hineingeben und backen, bis die Plätzchen von beiden Seiten braun sind.

Mazze-Plätzchen werden mit Sahne oder Obst als Nachspeise serviert, aber auch als Beilage zu Fleischgerichten.

Zitronenglasur
Lukier pomadkowy cytrynowy

250 g Puderzucker
2-3 EL Zitronensaft
1-2 EL Kognak

◆ Puderzucker mit Zitronensaft und Kognak mischen. Unter Rühren aufkochen, bis eine glatte Masse entsteht.
Die lauwarme Glasur gleichmäßig auf einer abgekühlten Torte oder einem Kuchen verteilen und erkalten lassen.

Variante
Den Kognak durch 1 TL Vanillezucker ersetzen.

Schokoladenglasur
Lukier pomadkowy czekoladowy

½ Tasse Milch
5-6 EL Puderzucker
1 Tafel Schokolade
5 EL Butter

◆ Milch aufkochen und Puderzucker unterrühren, bis er sich aufgelöst hat. Kurz abkühlen lassen.
Geriebene Schokolade und Butter mischen, zur Milch geben und mit einem Mixer oder Schneebesen schaumig schlagen.
Die lauwarme, dickflüssige Glasur auf einer abgekühlten Torte oder einem Kuchen verteilen und erkalten lassen.

Desserts
Desery

◆ Die Beeren ausdrücken und den Saft mit so viel Wasser ergänzen, dass sich etwa ½ l Flüssigkeit ergibt. Die in ⅛ l warmem Wasser aufgelöste Gelatine und den Zucker beifügen. Im Kühlschrank erstarren lassen.

Nach Belieben mit geschlagener Sahne servieren, dazu Kekse, Törtchen oder Waffeln reichen.

Fruchtgelee
Galaretka mieszana

mehrere Stunden kalt stellen

200 g Himbeeren
200 g Johannisbeeren
20 g Gelatine
150 g Zucker

Vanille-Kissel
Kisiel wanilowy

mehrere Stunden kalt stellen

3-4 EL Kartoffelstärke
½ l Milch
80 g Zucker
1-2 Päckchen Vanillezucker oder 2 Vanillestangen (Mark)
Himbeersaft
Konfitüre nach Geschmack

◆ Die Stärke mit 3 EL kalter Milch verrühren. Die restliche Milch aufkochen, die angerührte Stärke hineingeben. Zucker beifügen und unter ständigem Rühren aufkochen.
Kurz abkühlen lassen, Vanillezucker oder -mark unterrühren. In Portionsschälchen geben und im Kühlschrank erstarren lassen.
Vor dem Servieren Himbeersaft darüber gießen und mit Konfitüre garnieren.

Varianten
◆ Die Vanille durch 3 bis 4 EL Kakao ersetzen.
◆ Statt Vanille gemahlene Mandeln oder Nüsse verwenden.

Grießmus
Mus z kaszy manny

mehrere Stunden kalt stellen

80-100 g Grieß
½ l Milch
5-6 EL Zucker
1 Päckchen Vanillezucker
2 Eiweiß

◆ Den Grieß in ¼ l kalte Milch einrühren. Die übrige Milch aufkochen, nach und nach unter ständigem Rühren den Grieß zugeben, etwa 15 Minuten kochen. Mit Zucker und Vanillezucker abschmecken.
Die Eiweiß steif schlagen. Wenn der Grieß sich vom Topfrand löst, ihn mit einem Schneebesen durchschlagen und den Eischnee unterziehen. Erkalten lassen.
Beilage: Vanillesauce

Mus aus saurer Sahne
Mus z kwaśnej śmietany

mehrere Stunden kalt stellen

½ l saure Sahne
100 g Puderzucker
1 Päckchen Vanillezucker
20 g Gelatine
30 g abgeriebene Orangenschale
Konfitüre nach Geschmack

◆ Saure Sahne mit Puder- und Vanillezucker schlagen. Die in wenig lauwarmem Wasser aufgelöste Gelatine sowie Orangenschale beifügen. In eine Form oder in Portionsschälchen füllen und im Kühlschrank erstarren lassen.
Vor dem Servieren gegebenenfalls stürzen und mit Konfitüre garnieren.

Apfelschaum
Legumina jabłkowa

7 Äpfel
4 Eier
2 EL Zucker
5 EL saure Sahne
4 EL Mehl
gemahlener Zimt
2 EL Butter

◆ Zwei Äpfel fein reiben, fünf grob raspeln. Die Eier trennen, die Eiweiß steif schlagen. Die geriebenen Äpfel mit Eigelb, Zucker, saurer Sahne und Mehl verrühren. Unter die geraspelten Äpfel den Eischnee ziehen, Zimt beifügen.
Beide Apfelmassen miteinander vermischen, in eine mit Butter ausgestrichene feuerfeste Form geben und im vorgeheizten Ofen etwa 30 Minuten backen.

Pflaumen-Cymes
Cymes śliwkowy

für 6 Personen

500 g Backpflaumen
1 Tasse Reisnudeln
2 EL Zitronensaft
⅓ Glas Honig
4 EL Butter

Ein typisches osteuropäisch-jüdisches Gericht, gilt als Symbol des neuen Jahres

◆ Die Pflaumen eine Stunde wässern, dann vorsichtig entsteinen.
In einen Topf geben, 4 Tassen lauwarmes Wasser zugießen und zum Kochen bringen. Nudeln, 1 TL Salz, Zitronensaft, Honig und Butter einrühren.
Die Mischung in eine feuerfeste Form geben und im auf 180° C vorgeheizten Ofen zugedeckt 45 Minuten backen. 15 Minuten vor Ende der Garzeit den Deckel abnehmen.

Cymes wird als Nachspeise zum Mittagessen serviert.

Königserdbeeren
Poziomki królewskie

mehrere Stunden kalt stellen

3 Eigelb
3-4 EL Puderzucker
150 ml Milch
3-4 EL Rosinen
3 EL Rum
150 ml Schlagsahne
Zucker
500 g Erdbeeren

◆ Eigelb mit der Hälfte des Puderzuckers schaumig rühren. Langsam und unter ständigem Rühren die erhitzte Milch zugießen. Im heißen Wasserbad schlagen, bis die Masse eine dickflüssige Konsistenz annimmt. Abkühlen lassen.
Die Rosinen mit Rum tränken und zur Seite stellen. Sahne schlagen und nach Geschmack süßen. Mit der Eigelbmasse vermischen und erkalten lassen.
Vor dem Servieren die Creme über die Erdbeeren geben, mit den Rosinen garnieren und mit dem restlichen Puderzucker bestreuen.

Husarencreme
Kreme huzarski

am Vortag beginnen

200 g getrocknete Aprikosen
3 EL Zucker
4 Eigelb
3 EL Puderzucker
3-4 EL Rum
100 g Butter

◆ Die Aprikosen über Nacht einweichen.
Am nächsten Tag mit Zucker in Wasser dünsten und durch ein Sieb streichen. Die übrigen Zutaten unterrühren und erkalten lassen.

Getränke
Napoje

Kaffee nach Königsart
Kawa po królewsku

150 ml Sahne
2 EL Puderzucker
50 g Kaffee
2 EL ungesüßter Kakao
3-4 EL Zucker
150 ml Kaffeelikör
1-2 EL Kognak

»So guten Kaffee, wie man in Polen braut, gibt es sonst nirgends … schwarz ist der Kaffee wie Kohle und durchsichtig auch wie Bernstein, duftend wie Mokka ist er und dick wie flüssiger Honig.«
Adam Mickiewicz im polnischen Nationalepos »Pan Tadeusz«

◆ Die Sahne mit dem Puderzucker schlagen. Kaffee mit 1 l kochendem Wasser überbrühen und durchseihen. Mit Kakao, Zucker, Likör sowie Kognak mischen. In Tassen füllen, die geschlagene Sahne darüber verteilen und sofort servieren.

Tee nach Königsart
Herbata po królewsku

150 g trockener Weißwein
4 Gewürznelken
Safran
gemahlener Zimt
3-4 EL Zucker
½ l starker Tee
4 Zitronenscheiben

◆ Wein mit zerdrückten Nelken, je einer Prise Safran und Zimt auf 80° C erhitzen, durchseihen und den Zucker beifügen. In vier Tassen gießen, mit heißem Tee auffüllen, je eine Zitronenscheibe zugeben und sofort servieren.

Schokolade
Czekolada

200 g geriebene Schokolade
1 l Milch
Zucker
1 Päckchen Vanillezucker

◆ Die Schokolade mit einigen Löffeln kalter Milch mischen. Die übrige Milch aufkochen, Schokolade einrühren. Mit Zucker abschmecken, erneut aufkochen und sofort servieren.

Nach Belieben mit einem Eigelb verfeinern, dann allerdings nicht mehr kochen.

Apfelschalengetränk
Napój z obierzyn jabłecznych

2 Äpfel
Zucker

◆ Äpfel schälen und anderweitig verwenden. Die Schalen im vorgeheizten Ofen antrocknen und in einem geschlossenen Gefäß weitertrocknen lassen. Wenn sie vollkommen trocken sind, mit 1 l kochendem Wasser übergießen und unter Rühren aufkochen – die Schalen müssen sich voneinander lösen und frei schwimmen. Durchseihen, nach Geschmack zuckern und vor dem Servieren erkalten lassen.

Honiggetränk
Napój z miodem

3 EL Honig
2 Eigelb
½ l Tee
1-2 Zitronen (Saft)

◆ Honig und Eigelb verrühren, mit heißem Tee übergießen und Zitronensaft beifügen.
Nach Belieben heiß oder kalt servieren.

Zitronenkwas
Kwas cytrynowy

400 g Zucker
10 g Hefe
2-3 Zitronen (Saft)
2-3 EL Rosinen

◆ 300 g Zucker in 4 l Wasser aufkochen. Abkühlen lassen.
Die zerbröckelte Hefe mit restlichem Zucker und Zitronensaft verrühren. Das Zuckerwasser zugießen. In Flaschen füllen, je drei Rosinen hineingeben und fest verschließen. Vor dem Servieren mindestens drei Tage an einem dunklen Ort lagern.

Litauischer Honigpunsch
Krupnik litewski

330 g Honig
¼ Vanillestange
¼ geriebene Muskatnuss
1 EL gemahlener Zimt
2 Gewürznelken
abgeriebene Zitronenschale
½ l Alkohol (95 Prozent)

◆ In einem Topf den Honig mit ¼ l Wasser aufkochen. Die Gewürze beifügen und alles einige Minuten kochen. Den Topf vom Herd nehmen.
Nach etwa 30 Minuten durchseihen, die Flüssigkeit ein weiteres Mal aufkochen und mit dem Alkohol mischen. In Wodkagläser oder Espressotassen füllen und heiß servieren.

Orangen- oder Zitronenwodka
Pomaranczówka lub cytrynówka

1 ungespritzte Orange oder Zitrone
1 l Wyborowa (polnischer Wodka)
2 EL Zucker

◆ Schalen und Scheiben der Orange in sehr dünne Streifen schneiden und mit Wodka übergießen. Zucker untermischen.
Drei bis vier Tage kühl stellen, anschließend durchseihen und in Flaschen füllen. Eiskalt servieren.

Königslikör
Likier po królewsku

200 g Zucker
3-4 EL Rosinen
3-4 EL gehackte Datteln
3-4 EL gehackte Feigen
30 g abgeriebene Orangenschale
1 l Rum

◆ Zucker in 100 ml Wasser aufkochen. Abkühlen lassen.
Rosinen, Datteln, Feigen und Orangenschale zugeben, gut durchrühren und mit dem Rum in eine Flasche gießen. Mit einem Korken verschließen und zehn Tage stehen lassen, dabei täglich schütteln.
Nach zehn Tagen durchseihen, in Flaschen füllen und mindestens fünf Monate ziehen lassen.

Warmes Bier
Piwo grzane

1 l Bier
Zimt
Gewürznelken
4 Eigelb
100-150 g Zucker

◆ In einem Topf Bier mit Zimt und Nelken aufkochen. Das Eigelb mit dem Zucker schaumig schlagen und unterrühren, nicht mehr aufkochen. Den Topf vom Herd nehmen und das Bier weiter durchschlagen – es sollte eine dickflüssige Konsistenz erhalten.
Vor dem Servieren kurz abkühlen lassen.
Beilage: mit Konfitüre oder Honig bestrichene Toastscheiben

Menüvorschläge

Mittagsmahlzeit

Rote-Rüben-Blättersuppe (Seite 48)
Kalbsbrust nach polnischer Art (Seite 88)
Beilage: Geröstete Buchweizengrütze (Seite 66)
Gedünsteter Kohl mit Äpfeln (Seite 78)
Dessert: Fruchtgelee (Seite 137)

Sommermenü

Heidelbeersuppe (Seite 52)
Tomatensalat
Hähnchen nach polnischer Art (Seite 101)
Nachspeise: Kringel (Seite 133)

Ein festliches Menü

Polnische Häppchen (Seite 37)
Biersuppe nach altpolnischer Art (Seite 46)
Geschmorter Hammelbraten mit Tomaten (Seite 92)
Gebratene Ente mit Stachelbeeren (Seite 101)
Tomatenrohkost nach polnischer Art (Seite 57)
Gefüllte Möhren (Seite 82)
Gebratene Buchweizengrütze (Seite 66)
Klöße aus halbrohen Kartoffeln (Seite 63)
Dessert: Apfelschaum (Seite 138)
Kaffee nach Königsart (Seite 143)
Mohntorte mit Kaffeecreme (Seite 123)

Sonntagsmenüs für vier Personen

Schnittchen mit Heringspaste (Seite 38)
Kaschubische Kohlsuppe (Seite 43)
Rinderbraten mit Pilzen zu Buchweizengrütze und Tomatenrohkost auf polnische Art (Seite 57)
Mus aus saurer Sahne (Seite 138)
Kaffee oder Tee und Kuchen

Traditionell werden in Polen die alltäglichen Mahlzeiten den Jahreszeiten angepasst zubereitet. Die ausgewählten Beispiele einer häuslichen Speisekarte geben einen kleinen Einblick in die Essgewohnheiten einer polnischen Familie.

Frühling

- 1. Frühstück: Milchsuppe mit Nudelteig (Seite 52), Brot, Butter, Honig
- 2. Frühstück: Brot, Leberpastete, Salat, Tee
- Mittag: Poznańer Kartoffelsuppe (Seite 43), geröstete Weißbrotwürfel, Hackbraten nach polnischer Art (Seite 89), Salzkartoffeln, Bohnen nach altpolnischer Art (Seite 81), Rettich mit Äpfeln (Seite 56), Fruchtgelee (Seite 137)
- Abendbrot: Pilze mit Spiegelei (Seite 84), Bauernbrot, Butter, Radieschen, Apfelsaft

Sommer

- 1. Frühstück: Mischbrot, Butter, Sahnequark, Radieschen und Schnittlauch, Milchkaffee
- 2. Frühstück: Brot mit Schinkenpaste, 1 Apfel
- Mittag: Sommersuppe (Seite 48), Piroggen (Seite 113), Kartoffeln, Rote-Rüben-Salat (Seite 60)
- Abendbrot: Spargelsalat mit Kartoffeln (Seite 57), Apfelschalengetränk (Seite 144)

Herbst

- 1. Frühstück: Mandelsuppe (Seite 51), Grahambrot, Butter, Honig
- 2. Frühstück: Wurst- oder Schinkenbrötchen, Obstsaft
- Mittag: Kroketten nach Wilanów-Art (Seite 68), Dill-Sahnesauce (Seite 71), Gemüsesalat mit Mayonnaise (Seite 55), Grießmus (Seite 138)
- Abendbrot: Pommerscher Brathering (Seite 110), Brot, Margarine, Tee

Winter

- 1. Frühstück: Eischneesuppe (Seite 51), Brot, Marmelade
- 2. Frühstück: Brot, Braten oder Sardinenpastete
- Mittag: Rote-Rüben-Blättersuppe (Seite 48), Schweinerippchen nach altpolnischer Art (Seite 90), Fruchtgelee (Seite 137)
- Abendbrot: »Faule« Piroggen (Seite 115), Möhrensaft

Altpolnisches Festmahl um 1700

nach Adam Mickiewicz

Königsbarszcz
Altpolnische Fleischbrühe (Rosoł)
Hühnergallert
Dorsch
Lachs vom Dunajec
Gedörrter Stör, Kaviar aus der Türkei und Venedig
Hecht, Flundern, Karpfen
Ragout mit Sauce
Quarkspeise
Mandelspeise
Moschus, Zimt, getrocknete Pflaumen, Tragant (Schmetterlingsblütler)
Weine aus Ungarn

Rezeptregister

Stichwortregister